Christian Kuhn

Web 2.0

Auswirkungen auf internetbasierte Geschäftsmodelle

Diplomica® Verlag GmbH

Kuhn, Christian: Web 2.0. Auswirkungen auf internetbasierte Geschäftsmodelle,
Hamburg, Diplomica Verlag GmbH 2007

ISBN: 978-3-8366-5536-1
Druck Diplomica® Verlag GmbH, Hamburg, 2007
Covermotiv: © onlinebewerbung.de - Fotolia.com

Bibliografische Information der Deutschen Bibliothek
Die Deutsche Bibliothek verzeichnet diese Publikation in der Deutschen Nationalbibliografie;
detaillierte bibliografische Daten sind im Internet über
<http://dnb.ddb.de> abrufbar.

Dieses Werk ist urheberrechtlich geschützt. Die dadurch begründeten Rechte, insbesondere die der Übersetzung, des Nachdrucks, des Vortrags, der Entnahme von Abbildungen und Tabellen, der Funksendung, der Mikroverfilmung oder der Vervielfältigung auf anderen Wegen und der Speicherung in Datenverarbeitungsanlagen, bleiben, auch bei nur auszugsweiser Verwertung, vorbehalten. Eine Vervielfältigung dieses Werkes oder von Teilen dieses Werkes ist auch im Einzelfall nur in den Grenzen der gesetzlichen Bestimmungen des Urheberrechtsgesetzes der Bundesrepublik Deutschland in der jeweils geltenden Fassung zulässig. Sie ist grundsätzlich vergütungspflichtig. Zuwiderhandlungen unterliegen den Strafbestimmungen des Urheberrechtes.

Die Wiedergabe von Gebrauchsnamen, Handelsnamen, Warenbezeichnungen usw. in diesem Werk berechtigt auch ohne besondere Kennzeichnung nicht zu der Annahme, dass solche Namen im Sinne der Warenzeichen- und Markenschutz-Gesetzgebung als frei zu betrachten wären und daher von jedermann benutzt werden dürften.

Die Informationen in diesem Werk wurden mit Sorgfalt erarbeitet. Dennoch können Fehler nicht vollständig ausgeschlossen werden, und die Diplomarbeiten Agentur, die Autoren oder Übersetzer übernehmen keine juristische Verantwortung oder irgendeine Haftung für evtl. verbliebene fehlerhafte Angaben und deren Folgen.

© Diplomica Verlag GmbH
http://www.diplom.de, Hamburg 2007
Printed in Germany

Inhaltsverzeichnis

Abbildungsverzeichnis VIII
Tabellenverzeichnis IX
Tabellenverzeichnis IX
Abkürzungsverzeichnis X
1 Einleitung 1
   1.1 Motivation 1
   1.2 Zielsetzung 2
   1.3 Vorgehen 2
2 Charakterisierung des Web 2.0 5
   2.1 Begriffsabgrenzung Web 2.0 5
   2.2 Grundlagen des Web 2.0 7
   2.3 Wesentliche Merkmale des Web 2.0 8
      2.3.1 Generierung von Inhalt durch den Nutzer 8
      2.3.2 Engagement in sozialen Netzwerken 11
      2.3.3 Kollektive Intelligenz 13
      2.3.4 Online-Anwendung von Programmen 15
      2.3.5 Erhöhung der Reichweite von Software 16
3 Internetbasierte Geschäftsmodelle 19
   3.1 Begriffsabgrenzung Geschäftsmodell 19
      3.1.1 Ziel eines Geschäftsmodells 19
      3.1.2 Definition Geschäftsmodell 20
      3.1.3 Anforderungen an eine geeignete Typologie internetbasierter Geschäftsmodelle 21
   3.2 Übersicht über Typologien internetbasierter Geschäftsmodelle 22
      3.2.1 Mehrdimensionaler Ansatz 22
      3.2.2 Typologisierung nach Integrations- und Innovationsgrad 23
      3.2.3 Typologisierung nach Erlösmodellen 26
      3.2.4 Typologisierung nach strategischer Bedeutung 27
   3.3 Typologisierung nach Leistungsangebot 28
      3.3.1 4C-Net-Business-Modell 28
      3.3.2 Diskussion der 4C-Net-Business-Model Typologie zur Bewertung der Web 2.0- Entwicklungen 32

4 Theoretisches Modell der Auswirkungen von Web 2.0-Merkmalen auf internetbasierte Geschäftsmodelle ... 34

4.1 Systematik des Modells ... 34

4.2 Aufstellen des Modells ... 35

    4.2.1 Auswirkungen auf den Geschäftsmodelltyp Content ... 35

        4.2.1.1 Auswirkungen der Generierung von Inhalt durch den Nutzer ... 35

        4.2.1.2 Auswirkungen des Engagements in sozialen Netzwerken ... 36

        4.2.1.3 Auswirkungen der kollektiven Intelligenz ... 37

        4.2.1.4 Auswirkungen der Online-Anwendung von Programmen ... 38

        4.2.1.5 Auswirkungen der Erhöhung der Reichweite von Software ... 39

    4.2.2 Auswirkungen auf den Geschäftsmodelltyp Commerce ... 39

        4.2.2.1 Auswirkungen Generierung von Inhalt durch den Nutzer ... 39

        4.2.2.2 Auswirkungen des Engagements in sozialen Netzwerken ... 41

        4.2.2.3 Auswirkungen der kollektiven Intelligenz ... 42

        4.2.2.4 Auswirkungen der Online-Anwendung von Programmen ... 43

        4.2.2.5 Auswirkungen der Erhöhung der Reichweite von Software ... 44

    4.2.3 Auswirkungen auf den Geschäftsmodelltyp Context ... 45

        4.2.3.1 Auswirkungen des Generierens von Inhalt durch den Nutzer ... 45

        4.2.3.2 Auswirkungen des Engagements in sozialen Netzwerken ... 46

        4.2.3.3 Auswirkungen der kollektiven Intelligenz ... 47

        4.2.3.4 Auswirkungen der Online-Anwendung von Programmen ... 48

        4.2.3.5 Auswirkungen der Erhöhung der Reichweite von Software ... 49

    4.2.4 Auswirkungen auf den Geschäftsmodelltyp Connection ... 50

        4.2.4.1 Auswirkungen des Generierens von Inhalt durch den Nutzer ... 50

        4.2.4.2 Auswirkungen des Engagements in sozialen Netzwerken ... 51

        4.2.4.3 Auswirkungen der kollektiven Intelligenz ... 52

        4.2.4.4 Auswirkungen der Online-Anwendung von Programmen ... 53

        4.2.4.5 Auswirkungen der Erhöhung der Reichweite von Software ... 54

4.3 Aggregation der Auswirkungen ... 55

5 Vergleich des theoretischen Modells mit Praxisbeispielen des Einsatzes von Web 2.0-Merkmalen ... 58

5.1 Einsatz von Web 2.0-Merkmalen bei dem Geschäftsmodelltyp Content ... 58

    5.1.1 Praxisbeispiel Flickr ... 58

    5.1.2 Praxisbeispiel Wikipedia ... 60

5.1.3 Vergleich der Content-Praxisbeispiele mit dem theoretischen Modell 62
5.2 Einsatz von Web 2.0-Merkmalen bei dem Geschäftsmodelltyp Commerce 63
    5.2.1 Praxisbeispiel eBay...63
    5.2.2 Praxisbeispiel Amazon.com 64
    5.2.3 Vergleich der Commerce-Praxisbeispiele mit dem theoretischen Modell ...66
5.3 Einsatz von Web 2.0-Merkmalen bei dem Geschäftsmodelltyp Context 67
    5.3.1 Praxisbeispiel Google..67
    5.3.2 Praxisbeispiel Yahoo!...69
    5.3.3 Vergleich der Context-Praxisbeispiele mit dem theoretischen Modell 71
5.4 Einsatz von Web 2.0-Merkmalen bei dem Geschäftsmodelltyp Connection 72
    5.4.1 Praxisbeispiel AOL...72
    5.4.2 Praxisbeispiel Qype.com 73
    5.4.3 Vergleich der Connection-Praxisbeispiele mit dem theoretischen Modell..75
5.5 Trend zu hybriden Geschäftsmodellen der Praxisbeispiele 76
6 Fazit..77
Literaturverzeichnis 79
Anhang B: Grundlagen des Web 2.0 93
    Technologische Neuerungen 93
    Open Source Philosophie 94
    Allgemeine Grundlagen 95
    Ökonomische Umwelt..96
Anhang C: Überblick Literatur 98
Anhang D: Typologisierungsansatz nach Chen...99
Anhang E: Weitere Typologisierungsansätze nach Erlösmodellen............100
Anhang F: Typologisierung nach beteiligten Gruppen 102
Anhang G: Übersichten Auswirkungen Web 2.0 103

Abbildungsverzeichnis

Abb. 1.3-1 Vorgehensweise 4
Abb. 3.2.2-1 Klassifikation nach funktionaler Integration und Innovationsgrad
 mit Beispielen 25
Abb. 4.1-1 Vorgehensweise Kapitel 4. 34

Tabellenverzeichnis

Tab. 1.3-1	Modell der Auswirkungen des Web 2.0 auf internetbasierte Geschäftsmodelle.	3
Tab. 3.2.4-1	Klassifikation internetbasierter Geschäftsmodelle nach strategischer Bedeutung	28
Tab. 4.2.1.1-1	Content - Auswirkungen des Generierens von Inhalt durch den Nutzer.	36
Tab. 4.2.1.2-1	Content - Auswirkungen des Engagements in sozialen Netzwerken.	37
Tab. 4.2.1.3-1	Content - Auswirkungen kollektiver Intelligenz.	38
Tab. 4.2.1.4-1	Content - Auswirkungen der Online-Anwendung von Programmen.	38
Tab. 4.2.1.5-1	Content - Auswirkungen der Erhöhung der Reichweite von Software.	39
Tab. 4.2.2.1-1	Commerce - Auswirkungen des Generierens von Inhalt durch den Nutzer.	41
Tab. 4.2.2.2-1	Commerce - Auswirkungen des Engagements in sozialen Netzwerken.	42
Tab. 4.2.2.3-1	Commerce - Auswirkungen kollektiver Intelligenz.	43
Tab. 4.2.2.4-1	Commerce – Auswirkungen der Online-Anwendung von Programmen.	44
Tab. 4.2.2.5-1	Commerce - Auswirkungen der Erhöhung der Reichweite von Software.	45
Tab. 4.2.3.1-1	Context - Auswirkungen des Generierens von Inhalt durch den Nutzer.	46
Tab. 4.2.3.2-1	Context - Auswirkungen des Engagements in sozialen Netzwerken.	47
Tab. 4.2.3.3-1	Context - Auswirkungen kollektiver Intelligenz.	48
Tab. 4.2.3.4-1	Context - Auswirkungen der Online-Anwendung von Programmen.	48
Tab. 4.2.3.5-1	Context - Auswirkungen der Erhöhung der Reichweite von Software.	49

Tab. 4.2.4.1-1	Connection - Auswirkungen des Generierens von Inhalt durch den Nutzer.	50
Tab. 4.2.4.2-1	Connection - Auswirkungen des Engagements in sozialen Netzwerken.	52
Tab. 4.2.4.3-1	Connection - Auswirkungen kollektiver Intelligenz.	53
Tab. 4.2.4.4-1	Connection - Auswirkungen der Online-Anwendung von Programmen.	54
Tab. 4.2.4.5-1	Connection - Auswirkungen der Erhöhung der Reichweite von Software.	55
Tab. 4.3-1	Übersicht der Auswirkungen des Web 2.0 auf internetbasierte Geschäftsmodelle.	56
Tab. 5.1.1-1	Auswirkungen des Web 2.0 auf das Flickr.com-Geschäftsmodell.	60
Tab. 5.1.2-1	Auswirkungen des Web 2.0 auf das Wikipedia.org-Geschäftsmodell.	62
Tab. 5.2.1-1	Auswirkungen des Web 2.0 auf das eBay.com-Geschäftsmodell.	64
Tab. 5.2.2-1	Auswirkungen des Web 2.0 auf das Amazon.com-Geschäftsmodell.	66
Tab. 5.3.1-1	Auswirkungen des Web 2.0 auf das Google.com-Geschäftsmodell.	69
Tab. 5.3.2-1	Auswirkungen des Web 2.0 auf das Yahoo!.com-Geschäftsmodell.	71
Tab. 5.4.1-1	Auswirkungen des Web 2.0 auf das AOL.com-Geschäftsmodell.	73
Tab. 5.4.2-1	Auswirkungen des Web 2.0 auf das Qype.com-Geschäftsmodell.	75
Tab. E-1	Erlösmodellsystematik nach Wirtz	100
Tab. F-1	Am E-Business beteiligte Gruppen	102
Tab. G-1	Content - Auswirkungen des Web 2.0.	103
Tab. G-2	Commerce - Auswirkungen Web 2.0	103
Tab. G-3	Context - Auswirkungen des Web 2.0.	104
Tab. G-4	Connection - Auswirkungen des Web 2.0.	104

Abkürzungsverzeichnis

AJAX	Asynchronous Javascript and XML.
API	Application Programming Interface; engl. für Programmierschnittstelle.
ASIN	Amazon Standard Identification Number.
B2B	Business-to-Business; Geschäftsmodell für Handel zwischen Unternehmen.
B2C	Business-to-Consumer; Geschäftsmodell für Handel zwischen Unternehmen und individuellen Konsumenten.
Blog	Online-Tagebuch; zusammengesetzt aus „Web" und „Log".
bzgl.	Bezüglich.
CSS	Cascading Style Sheets; Formatierungssprache.
DSL	Digital Subscriber Line; Breitbandinternetzugang.
DOM	Document Object Model; Programmierschnittstelle für den Zugriff auf HTML- und XML-Dokumente.
GFDL	GNU Freie Dokumentationslizenz.
GNU	Gnu is not Unix; Name eines Projektes zur Entwicklung freier Software.
GPRS	General Packet Radio Service; Erweiterung des GSM-Mobilfunkstandard (2,5G).
GSM	Global System for Mobile Communications; Mobilfunkstandard der sog. zweiten Generation (2G).
GUI	General User Interface.
HTML	Hypertext Markup Language; Auszeichnungssprache von Inhalten im Internet.
IP	Internet Protokol; Netzwerkprotokoll, unterste vom Übertragungsmedium unabhängige Schicht der Internetprotokoll-Familie.
ISP	Internet Service Provider.
PDA	Pesonal Digital Assistant.

PHP	PHP Hypertext Preprocessor; Open-Source-Skriptsprache.
SOA	servicesorientierte Architektur.
RIAs	Rich Internet Applications; Internetbasierte Anwendungen, die im Browser ausgeführt werden und Desktop-Programmen ähnliche Benutzerfreundlichkeit aufweisen.
RSS	RDF Site Syndication (W3C-Definition); Standard zur Klassifizierung der Bedeutungen von Inhalten im Internet. Auch als „Rich Site Summary" oder „Really Simple Syndication" bezeichnet.
UMTS	Universal Mobile Telecommunications System; Mobilfunkstandard der sog. dritten Generation (3G).
URL	Uniform Resource Locator; Bezeichnung der Quelle einer Ressource in einem Computernetzwerk.
VATM	Verband der Anbieter von Telekommunikations- und Mehrwertdiensten.
VoIP	Voice over IP; Sprachtelefonie via Internet.
W3C	World Wide Web Consortium; Gremium zur Standardisierung der Technologie des World Wide Web.
XHTML	Extensible HyperText Markup Language; Neuformulierung des HTML Standard in XML.
XML	Extensible Markup Language; Rahmenkonzept für Auszeichnungssprachen.

1 Einleitung

1.1 Motivation

Die ökonomische Bedeutung des Internets hat sich seit seiner Verbreitung stetig gewandelt,[1] aktuell ist der Begriff *Web 2.0* in den Blickpunkt der Öffentlichkeit gelangt. In diesem Zusammenhang wird von einer zweiten Phase des E-Business oder sogar von einer Revolution des Internets gesprochen.[2] Daher dient der Begriff Web 2.0 als Sammlung von Entwicklungen, die das Internet in seiner heutigen Form gegen das Internet der 90er Jahre abgrenzt.[3]

Die Bedeutung dieses Begriffes wird allerdings unterschiedlich wahrgenommen, einige halten es für ein Modewort aus dem Marketingbereich, andere für eine neue Einstellung gegenüber dem Internet bzw. eine Evolution desselben, aus der sich neue Möglichkeiten und Geschäftsmodelle ergeben sowie bestehende Geschäftsmodelle nachhaltig beeinflusst werden.[4]

Ähnlich wie in der ersten Phase des E-Business, die mit dem spektakulären Zusammenbruch des neuen Marktes schließt, stehen Venture Capital-Firmen Investitionen in das Internet sehr optimistisch gegenüber.[5] Sie investieren große Mengen an Kapital in neue, kleine Start-Up-Unternehmen, die ihren Geschäftsbereich im Web 2.0 definieren.[6] Dies geschieht auch in dem Bewusstsein, dass viele der unterstützten Firmen unweigerlich scheitern werden. Jedoch gilt das Risiko, investiertes Kapital zu verlieren, geringer als das Risiko, in diesem Bereich nicht strategisch vertreten zu sein.[7]

Neben den Investoren der Venture Capital- Firmen beschäftigen sich mit dem Phänomen Web 2.0 unter anderem auch die Analysten der Gartner Group, einem Marktforschungsinstitut im Bereich Informationstechnologie. In ihrem jährlichen „Hype Cycle For Emerging Technologies" sehen sie es 2006 als eines der Hauptthemen der Informationstechnologie, die in naher Zukunft die Unternehmen beeinflussen werden. Binnen zwei Jahren soll Web 2.0 seinen Reifegrad erreicht haben und Allgemeingut sein.

---

[1] Vgl. Grob, vom Brocke (2006), S. 3.
[2] Vgl. Krol (2006), S. 1 und Mayerhöfer (2006), S. 66.
[3] Vgl. O'Reilly (2005), S. 1.
[4] Vgl. Notess (2006), S. 35.
[5] Vgl. Schachtner, Yen (2006), S. 37
[6] Vgl. Böhnke (2006), S. 66 und Eckert, Zschäpitz (2006), S. 17.
[7] Vgl. Kubal (2006), S. 34.

1.2 Zielsetzung

Web 2.0 weckt folglich große Erwartungen, einige Autoren sprechen von einer kommenden Veränderung der Natur des Internets.[8] Für Unternehmen mit internetbasierten Geschäftsmodellen ist es somit von hoher Bedeutung, welche Chancen, Möglichkeiten und Gefahren sich für ihr Geschäftsmodell durch die Entwicklungen des Web 2.0 ergeben.

Daher lautet die konkrete Fragestellung dieser Arbeit: Auf welche Weise und in welcher Intensität werden internetbasierte Geschäftsmodelle durch ausgewählte Entwicklungen des Web 2.0 beeinflusst?

1.3 Vorgehen

Da Web 2.0 als Sammelbegriff für eine Vielzahl von Entwicklungen steht, ist oft nicht bekannt, was genau dieser Begriff aussagt bzw. beinhaltet. Daher wird in Kapitel 2 zuerst eine Charakterisierung des Web 2.0 vorgenommen. Hier werden verschiedene Sichten auf Web 2.0, die Grundlagen des Web 2.0 sowie als in der Literatur für besonders wichtig erachtete Entwicklungen vorgestellt.

In Kapitel 3 wird näher auf internetbasierte Geschäftsmodelle eingegangen. Ausgehend von der Annahme, dass verschiedene Geschäftsmodelltypen in unterschiedlicher Art und Weise von den Entwicklungen des Web 2.0 beeinflusst werden können, werden im weiteren Verlauf des Kapitels verschiedene Klassifizierungsmöglichkeiten internetbasierter Geschäftsmodelle dargestellt. Aus dieser Übersicht wird bzgl. der Fragestellung dieser Arbeit die als am besten geeignete Klassifizierung ausgewählt, die in den folgenden Kapiteln verwendet wird.

Die Ergebnisse der Kapitel 2 und 3 bilden die Basis für Kapitel 4, in dem ein theoretisches Modell entworfen wird, wie und auf welche Weise sich die in Kapitel 2 unterschiedenen Entwicklungen von Web 2.0 auf die in Kapitel 3 klassifizierten Typen von Geschäftsmodellen auswirken (siehe auch Tab. 1.3-1).

---

[8] Vgl. Mulpuru (2006), S. 22.

	Geschäftsmodelltyp A	Geschäftsmodelltyp B	...	Geschäftsmodelltyp N
Entwicklung 1	Hoher/ mittlerer/ niedriger Einfluss	Hoher/ mittlerer/ niedriger Einfluss		Hoher/ mittlerer/ niedriger Einfluss
Entwicklung 2	Hoher/ mittlerer/ niedriger Einfluss	Hoher/ mittlerer/ niedriger Einfluss		Hoher/ mittlerer/ niedriger Einfluss
...				
Entwicklung m	Hoher/ mittlerer/ niedriger Einfluss	Hoher/ mittlerer/ niedriger Einfluss		Hoher/ mittlerer/ niedriger Einfluss

Tab. 1.3-1   Modell der Auswirkungen des Web 2.0 auf internetbasierte Geschäftsmodelle.[9]

Dieses Modell wird anschließend in Kapitel 5 mit Praxisbeispielen erfolgreicher Web 2.0-Unternehmen verglichen. Hier wird untersucht, in wie weit deren Geschäftsmodelle von Web 2.0 beeinflusst werden, und wie sehr dies mit dem entwickelten theoretischen Modell übereinstimmt. Etwaige Abweichungen sollen möglichen Änderungs- oder Ergänzungsbedarf aufzeigen.

Kapitel 6 fasst in einem kurzen Fazit die wesentlichen Ergebnisse der Arbeit zusammen und gibt einen Ausblick auf weiteren Forschungsbedarf.

Abbildung 1.3-1 stellt die Vorgehensweise grafisch dar.

---

[9] Quelle: Eigene Darstellung.

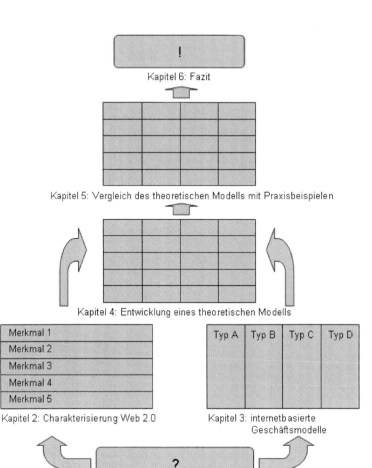

Abb. 1.3-1: Vorgehensweise[10]

---

[10] Quelle: Eigene Darstellung.

2 Charakterisierung des Web 2.0

2.1 Begriffsabgrenzung Web 2.0

Es gibt keine einheitliche, allgemein akzeptierte Definition des Web 2.0.[11] Der Begriff geht ursprünglich auf den Namen einer Konferenz über Entwicklungen des Internets im Juni 2004 zurück; erdacht von Dale Dougherty, später formuliert und geprägt von Tim O'Reilly. Er sollte verdeutlichen, dass sich das heutige Internet von dem Internet vor dem Zusammenbruch der ersten E-Business-Phase 2001 unterscheidet,[12] bzw. dass neue Bewegung in die Nutzung und Kommerzialisierung des Internets gekommen ist.[13] Web 2.0 ist folglich ein Sammelbegriff für die Summe der Entwicklungen im Internet der letzten sechs Jahre. Weitergehende Definitionen und Beschreibungen dieses Begriffs sind zumeist geprägt von dem fachlichen Hintergrund der jeweiligen Autoren:[14]

- O'Reilly betrachtet Web 2.0 bezüglich neuer Designvorlagen/-prinzipien und Geschäftsmodelle für eine neue Software-Generation. Das Internet wandelt sich zu einer Computerplattform, die Anwendungen und Daten für Benutzer bereitstellt.[15]

- Meckel sieht in Web 2.0 die „Idee der gemeinsamen Maximierung kollektiver Intelligenz und der Bereitstellung von Nutzenwerten für jeden Teilnehmer durch formalisierte und dynamische Informationsteilung und -herstellung".[16]

- Breeding erkennt eine neue Vision des Internets, die größere Interaktivität, Kontrolle des Nutzers über Informationen, radikale Personalisierung, die Entwicklung von Online-Gemeinschaften und demokratisches Management von Informationen verspricht.[17]

- Krol definiert es als eine Kombination von Geschäftsprozessen, Prinzipien und Technologien, die dem Nutzer Partizipation und Zusammenarbeit ermöglichen.[18]

---

[11] Vgl. Stevens (2006), S. 39 sowie McCormick (2006), S. 22.
[12] Vgl. O'Reilly (2005), S. 1.
[13] Vgl. Dolata (2006), S. 1398.
[14] Folgende fünf Definitionen sollen stichpunktartig die Bandbreite der Definitionen aufzeigen. Weitere Definitionsansätze werden in Anhang A dargestellt.
[15] Vgl. O'Reilly (2005), S. 2.
[16] Vgl. Meckel (2006), S. 8.
[17] Vgl. Breeding (2006), S. 30.
[18] Vgl. Krol (2006), S. 1.

- Tapscott sieht als wirkliche Bedeutung eine globale Infrastruktur, in der Kollaborationskosten gegen Null fallen.[19]

Im Zusammenhang mit Definitionen des Web 2.0 wird oft der Begriff Web als Plattform genannt, um ein wesentliches Merkmal der Veränderung des Internets zu beschreiben. Allerdings wird, ebenso wie das Web 2.0 aus verschiedenen Blickwinkeln definiert wird, auch der Begriff Web als Plattform mit verschiedenen Bedeutungen belegt.[20] So bezeichnet O'Reilly hiermit die Umwandlung des Internets von einer relativ zusammenhangslosen Sammlung statischer HTML-Seiten zu einer vollständigen Computerplattform, die Anwendungen und Daten für die Nutzer bereitstellt.[21] Krol spricht von den Chancen als Marketingplattform,[22] Schipul sieht in dem Begriff die Entwicklung zu Internetseiten, die als Plattformen gestaltet sind, auf denen Menschen miteinander kommunizieren und arbeiten können.[23] Insbesondere ist interessant, dass, obwohl der Begriff Web 2.0 eine technikorientierte Versionsnummer enthält, die eigentlichen Innovationen eher in sozialen (Nutzerbeteiligung, Kommunikation), organisatorischen (Zusammenarbeit) und sogar philosophischen Aspekten gesehen wird.[24] Letzteres äußert sich bspw. in der Forderung, als logische Folgerung der erhöhten Nutzerbeteiligung dem Nutzer die Kontrolle (über die Markenkommunikation, Anm. des Verfassers) zu überlassen,[25] hieran kann eine eindeutige Machtverschiebung zu Gunsten des Nutzers erkannt werden.[26]

Offensichtlich umfasst das Web 2.0 die Entwicklungen viele verschiedene Nutzungsbereiche des Internets. Daher ist es der Ansatz dieser Arbeit, eine Auswahl auf Basis in Literatur und Forschung als besonders wichtig erachtete Entwicklungen des Web 2.0 näher zu betrachten. Den Neuerungen der Technologie wird dabei zumeist die Rolle eines „Enablers" zugesprochen, welche die eigentlichen Innovationen erst ermöglicht hat.[27] Technologische Neuerungen schaffen zusammen mit anderen Entwicklungen die Grundlagen für das Web 2.0, auf die in Kapitel 2.2 eingegangen wird. Im Anschluss

---

[19] Vgl. Heuer (2007), S. 71.
[20] Anmerkung: Daher wird, um Missverständnissen vorzubeugen, in Kapitel 2.3 keine zentrale Entwicklung mit dem Begriff Web als Plattform benannt.
[21] Vgl. Doelle (2006), S. 75.
[22] Vgl. Krol (2006), S. 2.
[23] Vgl. Schipul (2006), S. 23.
[24] Vgl. Meckel (2006), S. 9.
[25] Vgl. Schipul (2006), S. 23.
[26] Vgl. Behme, Ziegler (2006), S. 54.
[27] Vgl. Snow (2006), S. 35.

werden in Kapitel 2.3 die von den einzelnen Autoren als relevant erachteten Entwicklungen des Web 2.0 zu wenigen zentralen Merkmalen verdichtet.

2.2 Grundlagen des Web 2.0

Verschiedene Entwicklungen, die in diesem Kapitel kurz vorgestellt werden, bilden die Grundlage für die charakteristischen Merkmale des Web 2.0. Für weitere ausführliche Erläuterungen sei auf Anhang C verwiesen.

In Zusammenhang mit technologischen Neuerungen sind insbesondere die zunehmende Verbreitung von Breitbandinternetanschlüssen sowie von zeitlich unbefristeteten Internetzugängen zu nennen, die das effiziente Transferieren von größeren Datenmengen, bspw. bei Musik- oder Videodateien ermöglichen.[28] Des Weiteren ist das verstärkte Aufkommen mobiler Internetzugänge, bspw. per WLAN oder UMTS, und neuer Endgeräte, bspw. Smartphones und PDAs zu beobachten.[29]

Zudem kann das Durchsetzen technologischer Standards als weitere Grundlage erkannt werden. Hierbei sind die RSS[30]-Technologie, die es erlaubt die Bedeutung von Inhalten im Internet abzubilden, und das Designkonzept AJAX[31] hervorzuheben. Letzteres ermöglicht es, neue Inhalte von einer Internetseite in den Browser zu laden, ohne die Internetseite selber neu in den Browser zu laden.

Open-Source, ein alternatives Entwicklungs-, Lizensierungs- und Geschäftsmodell, gilt als ein entscheidender Wegbereiter des Web 2.0.[32] Hierdurch sind zahlreiche Programme verfügbar, die ohne Lizenzgebühren genutzt und, da auch der Quellcode frei zugänglich ist, frei weiterentwickelt werden können. Die freie Verfügbarkeit der Open-Source-Software senkt die Markteintrittsbarrieren in das E-Business,[33] da sich durch sie die technischen Möglichkeiten der Wettbewerber angleichen.[34]

Ein weiterer wesentlicher Unterschied zur ersten Phase des Internets ist die Menge der Teilnehmer: 17 % der Weltbevölkerung sind online,[35] weltweit hat sich die Internetge-

---

[28] Vgl. van Eimeren, Frees (2006), S. 408.
[29] Vgl. Heuer (2006), S. 34.
[30] Abkürzung für RDF Site Syndication.
[31] Abkürzung für Asynchronous Javascript and XML.
[32] Vgl. Fösken (2006), S. 96, Holtz (2006), S. 25.
[33] Vgl. Maaß, Scherm (2005), S. 337.
[34] Vgl. Lotter (2007), S. 60.
[35] Vgl. Lotter (2007), S. 55.

meinde seit 2001 mehr als verdoppelt.[36] Zusätzlich ist ein Anstieg der durchschnittlichen Nutzungsdauer und Nutzungsfrequenz zu beobachten.[37] Dies ist durch eine zunehmende Integration des Umgangs mit dem Internet als Medium in den Alltag in fast allen Altersklassen zu erklären.[38]

2.3 Wesentliche Merkmale des Web 2.0

In diesem Kapitel werden, verdichtet zu fünf zentralen Merkmalen, die in der Literatur als am wichtigsten erachteten, teilweise sehr unterschiedlichen Entwicklungen des Web 2.0 vorgestellt. Zwar bedient jedes Merkmal einen konkreten Aspekt des Web 2.0, dennoch bedingen sich einige Merkmale gegenseitig, so dass sie nicht immer vollständig voneinander abgrenzbar sind.[39]

2.3.1 Generierung von Inhalt durch den Nutzer

In vielen Definitionen des Web 2.0 wird die Mitgestaltung von Inhalten durch den Nutzer als eine zentrale Entwicklung hervorgehoben. Der Internetnutzer benötigt nicht mehr großen finanziellen Aufwand und technisches Hintergrundwissen über bspw. Formatierung der Inhalte oder deren Upload ins Internet, um Inhalte online zu generieren.[40] Gefördert durch Open-Source-Software steht ihm dafür eine Vielzahl von Werkzeugen online kostengünstig zur Verfügung,[41] welche unter dem Begriff *Social Software* zusammengefasst werden können. Dies sind Softwaresysteme, welche die menschliche Kommunikation und Kollaboration unterstützen, die bekanntesten unter ihnen sind:[42]

---

[36] Vgl. Kowalewsky (2006), S. 35.
[37] Vgl. van Eimeren, Frees (2006), S. 411.
[38] Ergänzend zu diesem Kapitel Holtrop (2003), S. 540-545.
[39] Die Auswahl der Merkmale erfolgte nach in der Literatur gegebenen Definitionen des Web 2.0 sowie untersuchten Entwicklungen des Web 2.0. Definitionen des Web 2.0 sind in Anhang A, von den jeweiligen Autoren untersuchte Entwicklungen des Web 2.0 in Anhang C zusammengestellt.
[40] Vgl. Rensmann (2006), S. 30 sowie Mayerhöfer (2006), S. 69.
[41] Viele konkrete Systeme sind kostenlos oder bieten eine kostenlose Grundversion an (Vgl. Rausch (2006), S. 1517). Bei einigen Systemen, insbesondere bei sozialen Plattformen, werden darüber hinaus kostenpflichtige Premium-Mitgliedschaften angeboten (bspw. www.linkedin.com). Vgl. auch Fösken (2006), S. 96.
[42] Vgl. Bächle (2006), S. 121, sowie Rausch (2006), S. 1517.

- *Foren*[43]: Ein Forum ist eine Internetanwendung, auf der ein Diskussionsforum zu einem oder mehreren Themen eingerichtet ist. Jeder Teilnehmer kann sich an der Diskussion beteiligen, indem er Beiträge als sog. Postings hinterlässt, die gelesen und beantwortet werden können. Mehrere Beiträge zum selben Thema werden zusammenfassend als „Thread" oder „Topic" bezeichnet.[44]

- *Wikis*: Wiki[45] ist der Name für eine internetbasierte Anwendung, die es allen Betrachtern einer Seite erlaubt, den Inhalt dieser Seite online im Browser zu editieren. Charakterisierend für Wiki-Systeme sind außerdem die Funktionen „Interne Verlinkung" – alle Seiten können auf Titel anderer Seiten verweisen – und „Speicherung der Versionen". Letztere Funktion dokumentiert alle vorausgegangenen Versionen und erlaubt ein „Rollback", die Wiederherstellung einer älteren Version. Technisch gesehen ist ein Wiki lediglich eine Skriptsammlung, meist in PHP oder Perl, die auf einem Webserver installiert ist. Dennoch stellt es eine leicht und einfach zu bedienende Plattform für selbstorganisierendes, kooperatives Arbeiten an Texten und Hypertexten dar.[46]

- *Blogs*: Als Blog[47] wird eine regelmäßig aktualisierte Internetseite bezeichnet, deren Inhalte, normalerweise Texte, aber auch Bilder oder Audio-Dateien, in umgekehrt chronologischer Reihenfolge präsentiert werden. Üblicherweise besitzt ein Blog die Form eines Tagebuches oder eines Journals mit einem spezifischen Thema und wird von nur einem Autor, dem sog. Blogger, erstellt. Ein Blog entspricht damit in ihrer Funktionalität einfachen Contentmanagementsystemen. Lesern eines Blogs wird die Möglichkeit gegeben, zu einem Eintrag in einem Blog durch einen angehängten Kommentar Stellung zu nehmen. Jeder Eintrag in einem Blog besitzt eine sog. Trackback-URL. Will ein Blogger sich in einem Eintrag in seinem Blog auf einen Eintrag in einem fremden Blog beziehen, kopiert er die Trackback-URL des referenzierten Artikels in seinen Artikel. Am Ende des referenzierten Artikels wird dann automatisch ein Link zu dem neuen Beitrag generiert. So wird automatisch ein Netzwerk von Beiträgen und Kom-

---

[43] Synonyme: Webforum, Board.
[44] Vgl. Bächle (2006), S. 122.
[45] Von „wikiwiki" (hawaiianisch für „schnell").
[46] Vgl. Ebersbach, Glaser (2005), S. 131.
[47] Zusammengesetzt aus „Web" und „Log" (entspricht „Online-Tagebuch").

mentaren aufgebaut.[48] Blogs erfreuen sich steigender Beliebtheit: Täglich stoßen 75.000 neue Blogs sowie 1,2 Millionen einzelner Einträge zur sog. Blogospähre – der Gesamtheit aller Blogs – hinzu.[49]

- *Social Bookmarking*: Diese Systeme dienen der Sammlung und Kategorisierung als interessant empfundener Hyperlinks. Eigene Bookmarks (Lesezeichen) werden dabei unter vom Nutzer vergebenen Schlagwörtern (Tags) online zugänglich gemacht und mit anderen Benutzern des Systems verlinkt, die das gleiche Lesezeichen gesetzt haben.[50]

- *Social Networking*: Diese Systeme ermöglichen den Aufbau zielgerichteter Beziehungen zu anderen Personen im Internet.[51]

Eine komplexere Form nutzergenerierter Inhalte stellen sog. *Podcasts* dar: Radiosendungen, die nicht über das herkömmliche Radio vertrieben werden, sondern als Audiodatei ins Netz gestellt werden und bspw. als RSS-Feed abonniert werden können. Sie dienen als Beispiel, wie verschiedene Werkzeuge zu einem Endprodukt kombiniert werden können. Die kostenlose Aufnahme einer Sendung ist mittels einer Open-Source-VoIP-Software[52] möglich. Ebenso existieren Programme auf OpenSource-Basis,[53] mit der die Aufnahme nachbearbeitet werden kann. Zur Distribution ist bspw. ein Blog nutzbar, auf der die interessierten Nutzer sich per RSS anmelden können.[54] Folglich ist es auf Basis der Open-Source-Software sehr kostengünstig, eigene Radioshows zu produzieren und zu distribuieren.[55] Podcasts werden aber auch von renommierten Sendern begleitend zu Radio- oder Fernsehproduktionen eingesetzt.

Auch die gemeinsame Erstellung von Inhalten wird von vielen Werkzeugen unterstützt, insbesondere wurden Foren und Wikis für diesen Zweck konzipiert, aber auch Blogs ermöglichen über Trackback-URLs eine gewisse Kommunikation untereinander.[56] Der Übergang zu sozialen Netzwerken ist damit fließend.

---

[48] Vgl. für diesen Abschnitt Bächle (2006), S. 123.
[49] Vgl. Heuer, Mattke (2006), S. 36.
[50] Vgl. Bächle (2006), S. 123.
[51] Vgl. Bächle (2006), S. 124. Siehe auch Kapitel 2.3.2.
[52] Bspw. Skype.
[53] Bspw. Audacity.
[54] Vgl. bis hierhin Holtz (2006), S. 26-27.
[55] Vgl. Stevens (2006), S. 40.
[56] Vgl. O'Reilly (2005), S. 8.

2.3.2 Engagement in sozialen Netzwerken

Das Web 2.0 wird häufig als soziales Netz bezeichnet.[57] Allgemein bestehen soziale Netzwerke aus Akteuren und deren Beziehungen untereinander, können also als die Menge von Verbindungen zwischen Akteuren definiert werden. Anhand der Verbindungsmerkmale wird das soziale Verhalten der Akteure interpretiert.[58] Nach dieser sehr allgemeinen Definition können verschiedenste Arten sozialer Netzwerke unterschieden werden, so stellt bspw. auch die Blogospähre über ihre Linkstruktur ein soziales Netzwerk dar.[59] Im Rahmen des Web 2.0 wird häufig eine enger gefasste Auslegung sozialer Netzwerke genutzt, die auch in dieser Arbeit weiter verwendet wird.[60] Als soziales Netzwerk werden hier soziale Plattformen bezeichnet, die den zielgerichteten Aufbau von Beziehungen im Internet ermöglichen.

Sie stellen ein neues Mittel dar, zu potenziellen Geschäftspartnern, Freunden und Gleichgesinnten Kontakte zu knüpfen und sich auszutauschen. Jeder Teilnehmer eines sozialen Netzwerkes erhält im Rahmen der jeweiligen Plattform eigenen Webspace, den er durch persönliche Inhalte, bspw. Bilder, Videos oder Angaben zu Beruf, Hobbys und Kontaktmöglichkeiten, individuell gestalten kann.[61] Soziale Netzwerke verstärken die Aspekte der Kommunikation und Zusammenarbeit, aber im Besonderen den Gedanken der Personalisierung.[62]

Die meisten sozialen Netzwerke richten sich nach bestimmten Zielgruppen oder Interessen aus. So dienen XING[63] oder Linkedin.com dem Knüpfen von Geschäftskontakten. Facebook und StudiVZ sind Netzwerke, die sich explizit an Studenten wenden und auf die Vermittlung privater Kontakte fokussieren. Teilnehmern werden in diesen Netzwerken weit reichende Kommunikationsmöglichkeiten angeboten. Sie können einander private Nachrichten schreiben, Nachrichten öffentlich an Pinnwänden anbringen, sich in Gruppen zusammenschließen und in Foren diskutieren, oder, falls angegeben, Telefonnummern und Adressen in Erfahrung bringen und außerhalb des Internets mit anderen

---

[57] Vgl. Busch (2006) S. 6, Mulpuru (2006), S. 22.
[58] Vgl. Lembke, Vyborny (2006), S. 32.
[59] Siehe Kapitel 2.3.1.
[60] Vgl. Bächle (2006), S. 124.
[61] Vgl. Heuer (2007), S. 75.
[62] Vgl. Singh (2006a), S. 26.
[63] Ehemals openBC.

Teilnehmern in Kontakt treten. Von dieser Möglichkeit machen insbesondere soziale Netzwerke, die sich als Netzwerke zur Partnersuche positionieren,[64] Gebrauch.

Auch Plattformen für den Austausch und die Präsentation von Inhalten werden zu sozialen Netzwerken gezählt, sofern sie Möglichkeiten bieten zu anderen Teilnehmern in Kontakt zu treten. Zu dieser Art Plattform zählen u.a. YouTube und myvideo.com für den Austausch von Videos, und Flickr für den Austausch digitaler Fotos.[65]

Eine Sonderstellung nimmt die Plattform mySpace.com ein, die mit 93 Millionen Mitgliedern[66] führende Web-Community der Welt ist. Hier können die Teilnehmer sich nicht nur über Videos, Fotos, Musik und Hyperlinks ihre Homepage individuell zusammenstellen, sondern auch auf Angebote von Online-Spielen zugreifen.[67] Damit entwickelt sich mySpace von einem sozialen Netzwerk weiter in Richtung eines Portals zu verschiedensten Angeboten im Internet und wird zu einer zentralen Anlaufstelle für Inhalte im Internet. Hieraus resultiert eine Steigerung der Marktmacht: Google zahlte 900 Millionen Dollar für die Möglichkeit, exklusiv auf MySpace Werbung und Internetsuche verkaufen zu dürfen.[68]

Der Aspekt des Online-Spiels wird oft auch als ein Teil des Web 2.0 gesehen.[69] Auch hier haben Nutzer die Gelegenheit sich zusammenzuschließen und gemeinsam online zu interagieren. Dieser Trend betrifft vor allem junge Menschen, so spielen 32 % der unter 20-Jährigen regelmäßig online und verbringen einen wesentlichen Teil ihrer Freizeit im Cyberspace.[70] Über den Trend des Casual Gaming[71] werden aber inzwischen auch ältere Generationen vom Online-Spiel angezogen.[72]

Soziale Netzwerke bieten dem Internetnutzer eine einfache Möglichkeit sich zu präsentieren, verbunden mit einem komplexen Werkzeug, Inhalte online zu generieren. Sie bedienen die zentralen menschlichen Bedürfnisse, dass Menschen viel zu erzählen ha-

---

[64] Bspw. www.neu.de.
[65] Vgl. http://www.youtube.com bzw. http://www.myvideo.de.
[66] Stand Juli 2006.
[67] Vgl. Kowalewsky (2006), S. 37.
[68] Vgl. Dolata (2006), S. 1400.
[69] Vgl. Singh (2006a), S. 26.
[70] Vgl. Fösken (2006), S. 98.
[71] Casual Gaming bezeichnet das Spielen kleiner, einfacherer Online-Spiele, bspw. Karten- oder Puzzlespiele.
[72] Vgl. Singh (2006a), S. 27.

ben und dies auch tun möchten.[73] Die relativ hohe Aufmerksamkeit verschafft sozialen Netzwerken zusätzliche Marktmacht. Offensichtlich verschiebt sich über soziale Netzwerke auch ein Teil des sozialen Lebens ins Internet – hierfür sprechen häufigere und längere Nutzung des Internets.[74]

2.3.3 Kollektive Intelligenz

Eng verwandt mit und Folge der Erstellung von Inhalten durch den Nutzer ist das Klassifizieren von Inhalten durch den Nutzer. Dabei bedienen sich viele Plattformen des Tagging, der Vergabe von Schlagworten (Tags) zu Inhalten durch den Nutzer. Durch Austausch und Vergleich mit den Tags anderer Nutzer etablieren sich ab einer gewissen Masse von Teilnehmern bestimmte Tags. So entstehen sich selbst organisierende Begriffssysteme, auch Folksonomy genannt. Die klassische Darstellungsform einer Folksonomy ist die sog. Tag Cloud.[75]

Dieser bottom-up-Ansatz zur Klassifizierung von Inhalten entspricht dem Gegenentwurf zu traditionellen Taxonomierungen, bei denen Begriffe in bereits festgelegte Kategorien eingeordnet werden (Top-Down-Ansatz). Als Vorteile einer Folksonomy gelten die Selbstorganisation, verbunden mit einer hohen Aktualität, und große Flexibilität. So können einem Inhalt mehrere Tags zugeordnet werden, so dass bspw. eine Karte von New York sowohl unter dem Tag „Map of New York" als auch unter „NY Map" gefunden werden würde. Als nachteilig ist anzumerken, dass Meta-Informationen nur schwer realisierbar sind. So sind hierarchische Bezüge zwischen Begriffen, bspw. „Katze" *ist ein* „Lebewesen" nicht oder nur schwer abbildbar. Damit entfällt die Möglichkeit des strukturierten Suchens in einer Folksonomy.[76] Ein weiterer Nachteil ist die Sprachbarriere: Wer einen Inhalt mit Tags versieht, nutzt normalerweise seine Muttersprache. Bei einer Suche nach Inhalten zu einem bestimmten Begriff werden also nicht alle passenden Inhalte angezeigt, sondern lediglich die in der verwendeten Sprache mit Schlagworten versehenden Inhalte. Auch bleibt bei vergebenen Schlagworten immer noch Inter-

---

[73] Vgl. van Eimeren, Frees (2006), S. 402.
[74] Siehe auch Kapitel 2.2 und Anhang B.
[75] Vgl. Behme, Ziegler (2006), S. 58.
[76] Vgl. bis hierhin Behme, Ziegler (2006), S. 56.

pretationsspielraum: So kann das Schlagwort „Rose" entweder auf eine Pflanze, eine Farbe oder auf etwaige Prominente verweisen.[77]

Ein Spezialfall der Klassifizierung von Inhalten durch den Nutzer ist die *implizite Bewertung* von Inhalten durch den Nutzer. Häufig gesuchte Inhalte werden in einer Tag Cloud hervorgehoben, also als für die Masse der Besucher wichtig klassifiziert. Ähnliches gilt für die Referenzierung als interessant angesehener Artikel durch Verlinkung aus der Blogospähre[78]: Die Anzahl der Links zu einer Internetseite wird von vielen Suchmaschinen als Indiz für deren Relevanz zu bestimmten Themen interpretiert. Oft verlinkte Blogs/Meinungen sind damit mitsamt Lob oder Tadel weiter oben auf den Trefferlisten platziert und so implizit als wichtig bewertet.[79] Deshalb erhöht die Blogospähre die Kontrolle des Nutzers über Inhalte und verschiebt sich das Machtgefüge der Meinungsbildung weiter in Richtung Nutzer.[80] Dies verstärkt einen Trend, der bereits durch den wachsenden Einfluss *direkter Bewertungen* durch Nutzer auf einigen Plattformen[81] gefördert wurde. Durch die Vielzahl an Werkzeugen zur Erstellung eigener Inhalte bekommen die Nutzer somit neue, wachsende Möglichkeiten, bspw. Produkte und Firmen zu bewerten.[82]

Der Anstieg der Anzahl an Internetnutzern kann potenziell Netzwerkeffekte steigern. Die Definition des Netzwerkeffekts besagt, dass der Mehrwert für alle umso größer ist, je mehr Menschen sich beteiligen.[83] In diesem Zusammenhang fällt oft der Begriff der „Schwarmintelligenz", nach der die Mehrheit klüger ist als jedes ihrer Mitglieder.[84] Das Wissen der Gesamtheit steigt mit jedem Mitglied, ab einer gewissen Nutzeranzahl korrigiert das Kollektiv seine Fehler selbst.[85]

---

[77] Vgl. Kremp (2007), S. 2.
[78] Siehe Kapitel 2.3.1.
[79] Vgl. Schütte, Diederich (2006), S. 27 sowie O'Reilly (2005), S. 8.
[80] Vgl. Rosenbloom (2004), S. 33 sowie Behme, Ziegler (2006), S. 56.
[81] Bspw. Amazon.com.
[82] Vgl. Krol (2006), S. 32.
[83] Vgl. Economides (1996), S. 678.
[84] Vgl. Fösken (2006), S. 96. Kritische Meinung dazu bei Lotter (2007), S. 56.
[85] Vgl. Meckel (2006), S. 9.

2.3.4 Online-Anwendung von Programmen

Bereits 1997 ist die Idee diskutiert worden, Software über schnelle Datenleitungen im Internet auszuführen, wahlweise als Java-Applet oder als Web-Applikation,[86] damals über schwergewichtige und funktionsreiche Clients. Dieses Konzept wird im Rahmen des Web 2.0 mit sog „Rich Internet Applications" (RIAs) wiederaufgegriffen.

Als RIAs werden Programme bezeichnet, die online im Browser ausgeführt werden können und dem Nutzer die gleichen Bequemlichkeiten bieten wie Programme, die auf dem heimischen PC installiert sind.[87] Das Unternehmen Macromedia[88] prägte diesen Begriff, um hervorzuheben, dass ihr Programm „Flash" nicht nur die Auslieferung von multimedialen Inhalten, sondern auch die Benutzerführung über anwenderfreundliche[89] Oberflächen ermöglicht. Durch die Etablierung von AJAX als neuen Standard und bessere Zugangstechnologien für das effiziente Transferieren großer Datenmengen sind RIAs verstärkt in den Vordergrund gerückt.[90] So existieren klassische Office-Programme als reine Internetanwendungen: Writely ist ein Beispiel für die Textverarbeitung, Google Spreadsheets entspricht einer Tabellenkalkulation.

Da Software durch diesen Trend vermehrt nicht mehr installiert, sondern nur noch ihre Funktion online aufgerufen werden muss, besteht die Möglichkeit, sie nicht nur etappenweise, sondern ständig inkrementell weiterzuentwickeln.[91] Dieses Konzept des *perpetual beta*[92] bietet eine große Flexibilität: Neue Funktionen können einfach getestet werden und bei fehlender Wirtschaftlichkeit, Nicht-Inanspruchnahme oder Ablehnung durch den Nutzer schnell wieder entfernt werden. Die Beteiligung des Nutzers ist also wesentlicher Bestandteil der Weiterentwicklung von Anwendungen.[93]

---

[86] Vgl. Wartala (2006), S. 54.
[87] Vgl. Heuer, Mattke (2006), S. 35.
[88] Macromedia ist seit Dezember 2005 eine Tochtergesellschaft von Adobe Systems.
[89] Dies beinhaltet die Integration bekannter Icons und Mensch-Computer-Schnittstellen, die auf einem dem Nutzer bekannten GUI basieren.
[90] Vgl. Snow (2006), S. 35. Siehe auch Kapitel 2.2.
[91] Vgl. Mayerhöfer (2006), S. 68.
[92] Als „Beta-Version" werden Programme benannt, die noch nicht fertig gestellt worden sind, aber trotzdem zu Testzwecken an meist ausgewählte Nutzer ausgeliefert werden. Die Auslieferung von Beta-Versionen insbesondere wird bei Softwareentwicklung unter unsicheren Bedingungen angewendet und dient einer flexibleren Entwicklung. Vgl. hierzu MacCormack, Verganti, Iansiti (2001), S. 133ff.
[93] Vgl. Roppel (2006), S. 7.

Dazu bietet RSS neue Möglichkeiten, Internetseiten außerhalb des Browsers darzustellen. Bekannt ist dies vor allem in sog. Newstickern[94], die ähnlich einem E-Mail-Newsletter eine einfache Distribution von Informationen ermöglichen. Es dient auch als Basis für komplexe Marketinginstrumente, etwa als Bildschirmschoner mit aktuellen Nachrichten oder als Informationskanal bei der Mitarbeiterkommunikation.[95]

Die Online-Anwendung von Programmen hat auch weit reichende Auswirkungen auf die Organisation von Arbeit innerhalb von Unternehmen. Da Computerprogramme im Browser ausführbar und damit ortsunabhängig anwendbar sind, wird auch die Arbeit im Unternehmen zunehmend ortsunabhängig. So kann Arbeit in Zukunft flexibler organisiert werden.[96]

2.3.5 Erhöhung der Reichweite von Software

Dieses Merkmal bezeichnet die Übertragung des Konzeptes der serviceorientierten Architektur (SOA) auf internetbasierte Programme. SOA ist der Name eines Software-Architekturmusters, das den Aufbau einer Anwendungslandschaft aus einzelnen fachlichen, d.h. geschäftsbezogenen Komponenten beinhaltet. Diese Komponenten sind lose miteinander gekoppelt, indem sie einander ihre Funktionalität in Form von Services anbieten.[97]

Ebenso wie die Komponenten einer lokalen Anwendungslandschaft können auf diese Weise vollständige Anwendungen ihre Funktionalität über offen definierte Schnittstellen[98] (APIs) als Web-Applikation im Internet zur Verfügung stellen, so dass andere Programme auf sie zugreifen können. So können Unternehmen, die über besondere Datenbestände verfügen, diese Datenbestände an Dritte kostenlos oder gegen Gebühr weitergeben und auf diese Art weiterverwerten. Zumeist geht der Nutzung eine namentliche

---

[94] Newsticker werden von zumeist reichweitenstarken Internetseiten betrieben, sie verbreiten Inhalte als sog. RSS-Feeds, die von Nutzern mittels sog. RSS-Reader abonniert werden können.
[95] Vgl. zu diesem Abschnitt Rensmann (2006), S. 31, S. 34.
[96] Vgl. Mayerhöfer (2006), S. 68 und Heuer (2007), S. 71.
[97] Vgl. zur SOA Hess, Humm, Voß (2006), S. 396.
[98] Der Begriff „Schnittstelle" ist der Name eines Übergabe- und Verknüpfungspunkt von Beteiligten in einem Netzwerk, vgl. Stahlknecht / Hasenkamp (2002), S. 96. Bei einer vollständig offenen Schnittstelle besitzt jeder Dritte das Recht und die Möglichkeit, auf die Anwendung zuzugreifen und auf ihr basierend weitere Anwendungen zu entwickeln (Vgl. West (2003), S. 1279).

Registrierung voraus. Dadurch können die Anbieter derartiger Schnittstellen genau wissen, welche Nutzer zu welcher Zeit welche Funktionen aufrufen. So ist es möglich zu ermitteln, welche Funktionen oft genutzt werden, und wie die eigene Benutzerführung weiter verbessert werden kann. Des Weiteren ist es den Unternehmen auf diese Art möglich, dass ihre Daten als „de facto Standard" zu einem bestimmten Thema etabliert werden. Damit können die Unternehmen Anerkennung als Marke und dauerhafte Wettbewerbsvorteile erlangen.[99] Bspw. bietet Google Maps geografische Informationen und Amazon.com[100] Informationen zu Produkten an, die von jedem frei genutzt werden können.

Da Programme über APIs auf die Funktionalitäten einer Web-Applikation zugreifen können, lassen sich aufbauend auf den Funktionen verschiedener bestehender Dienste neue Web-Applikationen als sog. „Mash-Ups" erstellen.[101] Damit erweitert sich die Reichweite der Anwendung von Programmen, denn nicht nur der Endnutzer, für den der Dienst eigentlich konzipiert war, auch andere Programme können Teile oder eine Web-Applikation als Ganzes für sich nutzen. Die Menge an bestehenden Anwendungen bildet demnach eine Plattform für neue Anwendungen, die auf den bereits existierenden aufbauen.[102]

Der Aspekt der Erhöhung der Reichweite von Software hat noch weitere Auswirkungen auf die Eigenschaft des Internets als Distributionskanal. Es kann die Anwendung der Software vertrieben werden, und nicht nur die Software selber. Weil sich das Internet zu einer Plattform für die Anwendung von Programmen entwickelt, sind Programme in zunehmendem Maße geräteunabhängig und nicht mehr länger auf die Ausführung auf leistungsfähigen Heimrechnern angewiesen. Folglich werden in verstärktem Maße auch internetbasierte Anwendungen für weniger leistungsstarke Endgeräte, bspw. das Mobiltelefon, diskutiert.[103] In diesem Zusammenhang werden die Möglichkeiten lokaler

---

[99] Vgl. Wartala (2006), S. 58 und O'Reilly (2005), S. 9. Weitergehende Informationen zur Etablierung von Industriestandards siehe Shapiro, Varian (1999), S. 8-32.
[100] Vgl. zu Google Maps: http://maps.google.de/maps; zu Amazon http://www.amazon.com sowie Kapitel 5.2.2.
[101] Vgl. Heuer, Mattke (2006), S. 37.
[102] Vgl. Heuer, Mattke (2006), S. 35.
[103] Vgl. Benson, Favini (2006), S. 20 und O'Reilly (2005), S. 12. Siehe auch Kapitel 2.2.

Dienste[104] angeführt. Da ca. 80 Prozent der rechnergestützten Informationen mit Orten assoziiert sind, erschließt sich durch Web 2.0 viel Potential für neue Anwendungen.[105]

---

[104] Auch „location based services". Dies sind Dienste, die geografisch eng begrenzt sind.
[105] Vgl. zu den Möglichkeiten lokaler Dienste Grordon (2007), S. 16.

3 Internetbasierte Geschäftsmodelle

Ziel dieses Kapitels ist es, eine geeignete Typologie von Geschäftsmodellen zu erarbeiten, anhand der die Entwicklungen des Web 2.0 auf internetbasierte Geschäftsmodelle untersucht werden können. In Kapitel 3.1 werden für die Diskussion notwendige definitorische Abgrenzungen vorgenommen. Kapitel 3.2 stellt aus der Literatur bekannte Typologien vor, in Kapitel 3.3 wird auf die in dieser Arbeit als am besten geeignet erachtete Typologie näher eingegangen.

3.1 Begriffsabgrenzung Geschäftsmodell

3.1.1 Ziel eines Geschäftsmodells

Um eine für diese Arbeit geeignete Typologie internetbasierter Geschäftsmodelle abzugrenzen, ist es zunächst notwendig, den in der Literatur uneinheitlich[106] behandelten Begriff „Geschäftsmodell" zu definieren. Der gedankliche Ursprung des Begriffs findet sich in der zunehmenden Geschäftsprozessorientierung zu Beginn der 90er Jahre des 20. Jh. wieder, demnach sich die Wertschöpfungskette eines Unternehmens aus verschiedenen geschäftstragenden Prozessen zusammensetzt.[107] Diese einzelnen Prozesse lassen sich weiter verfeinern und bei ausreichender Detaillierung durch Informations- und Kommunikationssysteme unterstützen. Der Begriff Geschäftsmodell schließt die Lücke zwischen den Schlagworten einer Geschäftsidee und detaillierten Geschäftsprozessbeschreibungen. Ein Geschäftsmodell erlaubt komprimierte Aussagen über den Ressourcenfluss, einbezogene Akteure und deren Funktionen sowie die Einbindung und wertschöpfende Rolle unterschiedlicher betriebswirtschaftlicher Funktionsbereiche. Es dient nicht der Analyse einzelner Teilbereiche, sondern der Beurteilung des Gesamtkonzepts unter der Beachtung aller relevanten Bereiche des Unternehmens.[108]

---

[106] Vgl. Rentmeister, Klein (2001), S. 354.
[107] Vgl. Schwickert (2004), S. 3
[108] Vgl. für diesen Abschnitt: Strauß, Schoder (2002), S. 57.

3.1.2 Definition Geschäftsmodell

Chen und Ching sehen in einem Geschäftsmodell eine Repräsentation eines formulierten Plans „*for adding economic value by applying know-how to a set of resources in order to create a marketable product or service*".[109]

Dubosson-Torbay, Osterwalder, Pigneur stellen fest, dass ein Geschäftsmodell "*the architecture of a firm and its network of partners for creating, marketing and delivering value and relationship capital to one or several customers in order to generate profitable and sustainable revenue streams*" ist.[110]

In dieser Arbeit wird ein Geschäftsmodell nach Timmers definiert, auf dessen Definition in der Literatur oft[111] verwiesen wird, da hier der Aspekt eines aggregierten Konzepts der gesamten unternehmerischen Aktivitäten und der Erlöserzielung im Vordergrund steht:

"*An architecture for the product, service and information flows, including a description of*

- *the various business actors and their roles;*
- *the potential benefits for the various business actors*
- *the sources of revenue.*"[112]

Darüber hinaus wird, um auf einzelne Bereiche der Geschäftstätigkeit eingehen zu können, das integrierte Geschäftsmodell nach Wirtz genutzt.[113] Dieses unterteilt das gesamte Geschäftsmodell in folgende sechs Partialmodelle, die jeweils der Beschreibung eines spezifischen Aspektes der Geschäftstätigkeit dienen und in ihrer Summe das Unternehmensgesamtgeschäftsmodell bilden:

- Das Marktmodell beschreibt Akteure und Struktur der Märkte, auf denen Unternehmen agieren. Hierbei sind sowohl Nachfrager- als auch Anbietermärkte relevant.

---

[109] Vgl. Chen, Ching (2002), S. 377.
[110] Vgl. Dubosson-Torbay, Osterwalder, Pigneur (2002), S.7
[111] Vgl. u.a. Wirtz (2001), S. 210 sowie Chen (2003), S. 27 und Mahadevan (2000), S. 59.
[112] Vgl. Timmers (1998), S.4
[113] Wirtz leitet das integrierte Geschäftsmodell von der Definition Timmers ab (Vgl. Wirtz (2001), S. 210). Daher wird die Kombination beider Definitionen als zulässig angesehen.

- Das Beschaffungsmodell stellt Produktionsfaktoren, die als Input benötigt werden, sowie deren Lieferanten dar.
- Das Leistungserstellungsmodell bildet die Kombination der Inputfaktoren sowie deren Transformation in Angebotsleistungen ab.
- Das Leistungsangebotsmodell gibt Auskunft darüber, welches Leistungsspektrum welchen Nachfragergruppen angeboten wird.
- Das Distributionsmodell stellt dar, wie Produkte zum Kunden gelangen.
- Das Kapitalmodell ist in Finanzierungsmodell und Erlösmodell unterteilt und gibt an, auf welche Weise die Geschäftstätigkeit finanziert ist und wie Erlöse erzielt werden sollen.

In der Literatur wird der Begriff „E-Business model" gelegentlich synonym mit internetbasierten Geschäftsmodellen verwendet. Hier sei darauf hingewiesen, dass E-Business model der allgemeinere Begriff ist, der ein Geschäftsmodell beschreibt, dass durch die Verwendung von IT ermöglicht wird,[114] und die Geschäftstätigkeit hin zu elektronische Netzwerken, insbesondere zum Internet, orientiert.[115]

3.1.3 Anforderungen an eine geeignete Typologie internetbasierter Geschäftsmodelle

Eine Typologie soll im Rahmen dieser Arbeit folgende vier Kriterien erfüllen: Zuerst soll sie diejenigen Geschäftsmodelle zuammenfassen, die möglichst gleichartig sind, so dass die einzelnen Merkmale des Web 2.0 auf die Geschäftsmodelle einer Typologie zumindest ähnliche Auswirkungen haben. Wünschenswert ist zudem eine transparente Zuordnung, so dass offensichtlich ist, welchem Typ ein Geschäftsmodell zuzuordnen ist. Des Weiteren soll die Typologie möglichst umfassend sein, so dass bestenfalls alle existierenden Geschäftsmodelle jeweils einem Typ zugeordnet werden können. Zuletzt soll die Anzahl unterschiedener Typen von Geschäftsmodellen nicht zu groß sein, damit die Typologie im Rahmen dieser Arbeit operationalisierbar ist.

---

[114] Vgl. Chen, Ching (2002), S. 377
[115] Vgl. Chen, Ching (2002), S. 378

3.2 Übersicht über Typologien internetbasierter Geschäftsmodelle

3.2.1 Mehrdimensionaler Ansatz

Es ist möglich, Geschäftsmodelle nach den Kombinationen unterschiedlicher Möglichkeiten der Ausprägung verschiedener Gestaltungsaspekte zu klassifizieren bzw. zu typologisieren. Daher schlagen Dubosson-Torbay, Osterwalder, Pigneur einen mehrdimensionalen Ansatz vor, der die bis dahin vorgeschlagenen Dimensionen der Klassifizierungen vereinigt.[116] Die Dimensionen im Einzelnen sind:

- Rolle des Nutzers: Ist er Lieferant, Kunde oder Partner?
- Interaktionsmuster: Wie viele Anbieter bieten den Service wie vielen Nutzern an?
- Leistungsangebot: Werden Informationen, Services oder Produkte angeboten?
- Erlösmodell: Auf welche Weise will das Unternehmen profitabel sein?
- Grad der Individualisierung: In welchem Ausmaß ist das Produkt auf den Konsumenten zugeschnitten?
- Ökonomische Kontrolle: Ist das Geschäftsmodell selbstorganisierend oder Teil einer Hierarchie?
- Maß an benötigter Sicherheit: Wie aufwändig ist es, Verkäufe zu überwachen und zu sichern?
- Grad der Integration der Wertschöpfung: Wie komplex ist die Wertschöpfung, wie viele unterschiedliche Ressourcen werden benötigt?
- Das Wert/Kosten-Angebot: Wird das Produkt als hochwertig und teuer angeboten oder als Produkt von geringem Wert und Kosten?
- Höhe der Besucherfrequenz: Wie oft werden potentielle Kunden erwartet?
- Grad an Innovation: In welchem Maß ist die angebotene Leistung neuartig?
- Machtverteilung: Welches Ausmaß an Macht liegt auf der Seite der Käufer und Verkäufer?

---

[116] Vgl. zu diesem Abschnitt Dubosson-Torbay, Osterwalder, Pigneur (2002), S. 15-17.

Die Dimensionen werden einzelnen Komponenten des Geschäftsmodells zugeordnet, wodurch eine umfassende Spezifizierung des Geschäftsmodells gewährleistet wird. Denn das Ziel dieses Ansatzes ist eine möglichst exakte Bestimmung eines konkreten Geschäftsmodells bzw. einzelner Merkmale eines Geschäftsmodells, weniger die Zusammenfassung ähnlicher Geschäftsmodelle. Eine Typologisierung unter Beachtung aller hier vorgeschlagenen Merkmale ist jedoch im Rahmen dieser Arbeit zu umfangreich. Auch eine Unterteilung nach lediglich vier Hauptmerkmalen, wie sie Chen vorschlägt,[117] wird als zu umfangreich erachtet. Daher ist dieser umfassende Ansatz für eine Typologisierung weniger brauchbar. Deswegen wird im Weiteren ein Ansatz mit weniger Dimensionen verfolgt, der in Hinblick auf mögliche Auswirkungen der Entwicklungen des Web 2.0 am besten geeignet erscheint.

3.2.2 Typologisierung nach Integrations- und Innovationsgrad

Diese Klassifikation geht auf Timmers aus dem Jahr 1999 zurück und dient als Grundlage für die Arbeit vieler weiterer Autoren.[118] Im Anschluss an eine systematische De- und Rekonstruktion der Wertschöpfungskette unterscheidet er elf Geschäftsmodelle, die sich 1998 entweder etabliert hatten oder sich in einer experimentellen Phase befunden haben. Die einzelnen Geschäftsmodelltypen sind:[119]

- *e-shop*: Unter einem e-shop versteht Timmers neben der elektronischen Version eines traditionellen Geschäfts auch ein Web-Marketinginstrument eines Unternehmens.[120]

- *e-procurement* bezeichnet die elektronische Ausschreibung und Beschaffung von Gütern und Dienstleistungen.

- *e-auction* ist eine elektronische Implementation von Preisfindungssystemen traditioneller Auktionen.

---

[117] Vgl. Chen (2003), S. 27-28. Siehe auch Anhang D.
[118] Vgl. Wirtz (2001), S. 210 sowie Chen (2003) S. 27 und Mahadevan (2000) S. 59..
[119] Vgl. Timmers (1998), S. 5-7
[120] Daher wird im Folgenden der Begriff „Online-Shop" für die elektronische Version eines Händlers verwendet.

- *e-mall* bezeichnet eine Sammlung von e-shops, die über ein gemeinsames Portal erreicht werden können, normalerweise unterstützt durch einen bekannten Markennamen.

- *3rd party marketplace* ist ein (elektronischer) Marktplatz, der nicht direkt von einem Käufer oder Verkäufer, sondern durch einen unabhängigen Dritten betrieben wird.

- *virtual communities* sind Geschäftsmodelle, deren letztendlicher Wettbewerbsvorteil durch die Mitarbeit der Mitglieder (Kunden oder Partnern), die ihre Informationen auf einer gemeinsamen Umgebung hinzufügen, generiert wird.

- *value chain service provider* spezialisieren sich auf eine spezifische Funktion der Wertschöpfungskette (bspw. elektronische Bezahlung oder Logistik), um dies zu deren klaren Wettbewerbsvorteil auszubauen und anderen Firmen anzubieten.

- *Value chain integrators* konzentrieren sich auf die Integration mehrerer Teile der Wertschöpfungskette, um den Informationsfluss zwischen den einzelnen Teilen als zusätzlichen Wert auszuschöpfen.

- *collaboration plattforms* bieten eine Sammlung von Werkzeugen und eine Informationsumgebung an, um Zusammenarbeit zwischen Unternehmen zu ermöglichen.

- *information brokers* bieten Informationsdienstleistungen und Beratung zu Datenbeständen aus offenen Netzwerken oder der Integration von Geschäftsbereichen an.

- *trust services* sind Dienstleistungen zertifizierter Autoritäten, bspw. elektronische Notare oder anderer vertrauenswürdiger Dritter.

Abbildung 3.2.2-1 gibt Beispiele zu den einzelnen Geschäftsmodellen und ordnet sie qualitativ den Dimensionen funktionale Integration und Innovationsgrad zu.

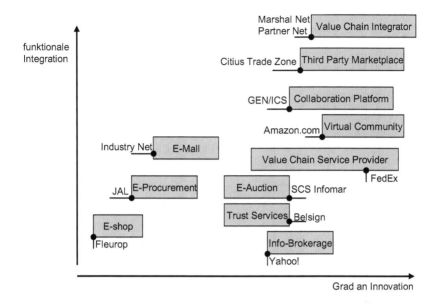

Abb.3.2.2-1: Klassifikation nach funktionaler Integration und Innovationsgrad mit Beispielen[121]

Die Vorteile dieser Klassifikation liegen in ihrer theoretischen Herleitung über die Analyse der Wertschöpfungskette und in ihrem hohen Bekanntheitsgrad. Als Basis für die Arbeit anderer Autoren wird sie oft zitiert, aber auch kritisiert. Mahadevan, der einen ganzheitlichen Ansatz vorschlägt, merkt zum Beispiel an, dass wichtige Aspekte ignoriert werden. So werde durch die Einordnung Amazons.com als *virtual community* der Aspekt der Disintermediation vernachlässigt.[122] Nachteilig ist zudem das Alter der Klassifikation. Es ist anzunehmen, dass sich in den vergangenen sieben Jahren Geschäftsmodelle entwickelt haben, die den vorgestellten elf Geschäftsmodelltypen nicht oder nur schwer zugeordnet werden können. Demzufolge erscheinen Transparenz und Vollständigkeit in dieser Zuordnung nicht gewährleistet zu sein.

---

[121] Vgl. Timmers (1998), S. 8.
[122] Vgl. Mahadevan (2000), S. 59.

3.2.3 Typologisierung nach Erlösmodellen

Eine konkrete Klassifizierung von internetbasierten Geschäftsmodellen anhand des Erlösmodells schlagen Lumpkin und Dess vor.[123]

1. *Comission based models*: Ein Dienst wird gegen Entgelt angeboten, die Höhe des Entgeltes richtet sich normalerweise an der Größe des Auftrags. Ein typisches Beispiel für diese Art Geschäftsmodell sind Internet-Auktionshäuser, deren Provision von der Höhe des Verkaufspreises abhängt.

2. *Advertising-based models* werden von Unternehmen genutzt, die ihren Besuchern Inhalte oder Dienste anbieten. Anderen Unternehmen werden Möglichkeiten verkauft, bei diesen Besuchern Werbung einzublenden.

3. *Markup-based models* bzw. auch bekannt als *merchant models* werden von Unternehmen genutzt, die als klassische Händler agieren.

4. *Production based models* bzw. *manufacturing models* unterstützen produzierende Unternehmen, insbesondere durch den direkten Kontakt zum Kunden auf zwei Wegen: Zum einen durch Reduzierung der Marketingkosten, zum anderen durch die Möglichkeit der Personalisierung und neue Servicemöglichkeiten. Der Erlös speist sich folglich aus den Einsparungen, die dem Unternehmen durch die Nutzung des Internets möglich werden.

5. *Refferal based models*, bspw. *Affiliate models*, generieren Erlöse durch die Vermittlung von Kunden.

6. *Subscription-based models* werden von Unternehmen verwendet, die für die Möglichkeit, ihre Dienste bzw. Inhalte (unlimitiert) zu nutzen, einen pauschalen Preis berechnen.

7. Bei *Fee-for-service models* wird der exakte Ressourcenverbrauch einer vom Kunden genutzten Leistung erfasst und entsprechend in Rechnung gestellt. Dieses Geschäftsmodell ist auch als *pay-as-you-go* - System bekannt.

---

[123] Vgl. Lumpkin, Dess (2004), S. 167. Eine fast exakt gleiche Typologisierung haben auch Afuah und Tucci vorgeschlagen, vgl. hierzu Afuah, Tucci (2001), S. 103.

Diese generischen Typen können von den Unternehmen frei zu einem individuellen Geschäftsmodell kombiniert werden. Zusätzlich ordnen die Autoren jedem generischen Typ bestimmte Aktivitäten als Quellen von Wettbewerbsvorteilen für den Kunden zu. Insbesondere durch die starke Betonung der Erlösgenerierung bei der hier verwendeten Geschäftsmodelldefinition erscheint eine Typologisierung nach Erlösmodell sinnvoll. Offensichtlich können einem Geschäftsmodell eindeutig verschiedene Erlösmodelle zugeordnet werden, hier wäre also die Forderung nach einer transparenten Zuordnung erfüllt. Des Weiteren werden nahezu alle Geschäftsmodelle erfasst.[124] Leider ist diese Typologisierung nicht vollständig erschließend,[125] so werden bspw. in diesem Ansatz keine Leistungen beachtet, die kein monetäres Erlösmodell verfolgen. Gerade durch die wachsende Bedeutung der Open-Source-Bewegung im Rahmen des Web 2.0 sollten allerdings auch diese Geschäftsmodelle mit berücksichtigt werden.

Weitere Typologisierungen nach Erlösmodell werden von mehreren Seiten mit verschieden großen Abstufungen vorgeschlagen, siehe hierzu Anhang E.

3.2.4 Typologisierung nach strategischer Bedeutung

Lam und Harrison-Walker sehen ihren Ansatz als Ergänzung zu bestehenden Klassifikationen. Sie bauen auf vorhergehenden Ansätzen auf und übernehmen von anderen Autoren[126] bestehende Typologien internetbasierter Geschäftsmodelle, sortieren diese jedoch nach ihrem Zweck neu. Dabei verwenden sie zwei strategische Perspektiven: Die erste beschreibt Ziele der Verbindung mit dem Internet (*relational objectives*), die zweite Ziele der Wertschöpfung durch das Internet (*value-based objectives*). Dabei wird in der ersten Perspektive zwischen den drei Zielen des direkten Zugangs (zum Nutzer), der Netzwerkentwicklung und der Unternehmenskommunikation unterschieden. Die Ziele der Wertschöpfung teilen sich in finanzielle Ziele und Ziele zur Verbesserung der Produkte und Distributionskanäle auf. Alle Ziele zusammen ergeben kombiniert eine 3x2-Matrix, in deren „Zellen" die Autoren die einzelnen Geschäftsmodelltypen

---

[124] Vgl. Lumpkin, Dess (2004), S. 167.
[125] Vgl. Owens (2006), S. 26.
[126] Autoren, auf die Lam und Harrison-Walker Bezug nehmen: Afuah, Tucci, Eisenmann, Hanson, Rappa und Strauss, Frost.

einordnen. Tab. 3.2.4-1 veranschaulicht diese Klassifikation.

		Value based objectives	
		Financial improvement	Product/channel enrichment
		User paid Provider paid	
Relational objectives	Direct Access	Internet merchants and portals	Virtual product differentiation
	Network Deployment	Brokerage Networks Purchase assistance networks Retail networks	Interactive networks
	Corporate Communications	Internet promoters	Image building

Tab. 3.2.4-1   Klassifikation internetbasierter Geschäftsmodelle nach strategischer Bedeutung[127]

So finden sich bspw. in der Zelle „Internet merchants and portals" die Geschäftsmodelltypen *Production based* und *Subscription* wieder. Die Geschäftsmodelle mit finanziellen Zielen generieren ihre Erlöse entweder über die Kunden bzw. Nutzer ihrer Website (*user-paid*) oder über Lieferanten (*provider paid*).

Der Ansatz von Lam und Harrisson-Walker integriert den Aspekt, dass internetbasierte Geschäftsmodelle nicht direkt zu finanziellen Vorteilen führen müssen, sondern im Rahmen eines das Gesamtunternehmen betreffenden Geschäftsmodells indirekt zum Unternehmenserfolg beitragen können. Im Folgenden werden explizit Geschäftsmodelle untersucht, die auf der Nutzung des Internets basieren und nicht jene, die nur das Internet zur Unterstützung nutzen, also ohne das Internet lebensfähig wären. Daher können bei diesem Ansatz nur die strategischen Ziele der Verbindung mit dem Internet zur Typunterscheidung genutzt werden.

3.3   Typologisierung nach Leistungsangebot

3.3.1 4C-Net-Business-Modell

Diese Typologisierung wird von Wirtz vorgeschlagen und grenzt Unternehmen nach ihrem Leistungsspektrum voneinander ab.[128] Sie unterscheidet vier Grundleistungen

---

[127] In Anlehnung an Lam, Harrisson-Walker (2003), S. 20.
[128] Vgl. Wirtz (2001), S. 217.

bzw. Basismodelltypen, die von Unternehmen in der Anfangszeit des Internets als so genannte Pure-Player[129] verfolgt wurden. Durch die Namen der Basismodelltypen (Content, Commerce, Context und Connection) ist diese Klassifizierung unter dem Namen „4C-Net-Business-Model" bekannt.[130] Diese Basisleistungen sollen im Folgenden näher dargestellt werden.

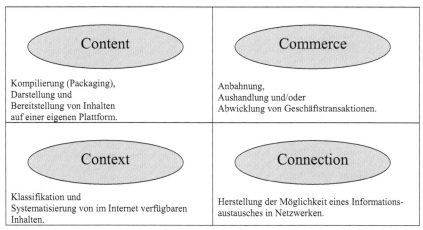

Content	Commerce
Kompilierung (Packaging), Darstellung und Bereitstellung von Inhalten auf einer eigenen Plattform.	Anbahnung, Aushandlung und/oder Abwicklung von Geschäftstransaktionen.
Context	Connection
Klassifikation und Systematisierung von im Internet verfügbaren Inhalten.	Herstellung der Möglichkeit eines Informationsaustausches in Netzwerken.

Tab. 3.3.1-1 4C-Net-Business-Modell.[131]

Das Basisgeschäftsmodell Content besteht in der Sammlung, Selektion, Systematisierung, Kompilierung (Packaging) und Bereitstellung von Inhalten.[132] Je nach Natur der Inhalte werden die Geschäftsmodellvarianten *E-Information* (sachliche Informationen/Inhalte), *E-Entertainment* (unterhaltende Inhalte), *E-Education* (Vermitteln/Lehren von Inhalten) und *E-Infotainment* (hybride Mischform aus E-Information und E-Entertainment, bezeichnet die Präsentation sachlicher Inhalte auf unterhaltsame Art) unterschieden. Die Inhalte können in allen Formen, angefangen vom klassischen

---

[129] Unternehmen, die nur exakt eine Leistung anbieten. Vgl. Wirtz (2001), S. 217.
[130] Gelegentlich werden andere Klassifikationen als Weiterentwicklung des 4C-Net-Business-Model vorgeschlagen. Bspw. untersuchen Afuah und Tucci den Einfluss des Internets auf die „5C" (Content, Commerce, Coordination, Community, Communication), die allerdings in diesem Zusammenhang nicht für Geschäftsmodellvarianten, sondern für informationsorientierte Aktivitäten bzw. Funktionen von Unternehmen stehen (Vgl. Afuah, Tucci (2001), S. 38.). Ähnliches gilt für die 7C –Content, Context, Connection, Commerce, Community, Customization, Communication - von Mohammed, Fisher, Jaworski und Paddison. Ausdrücklich sind diese Designprinzipien für die Erstellung einer Internetseite, die es allesamt möglichst gut zu erfüllen gilt, um die Internetseite an das bestehende Geschäftsmodell anzupassen (Vgl. Mohammed, Fisher, Jaworski und Paddison (2003) S. 182).
[131] In Anlehnung an Wirtz (2001), S. 218.
[132] Vgl. Wirtz, Becker (2002), S. 86.

HTML-Text bis hin zu multimedialen Audio- und Videoformaten, angeboten werden. So bedienen sich sowohl klassische Nachrichtendienste wie bspw. *Spiegel Online*[133] als auch Musikanbieter wie bspw. *iTunes*[134] dieses Basisgeschäftsmodelltyps. Da Inhalte im Internet von großen Teilen der Bevölkerung als öffentliches Gut wahrgenommen werden, ist gerade bei Inhalten großen öffentlichen Interesses eine geringe Zahlungsbereitschaft vorhanden. Insbesondere gilt dies für Informationen und Inhalte, die auch über andere Kanäle erhältlich sind, bspw. für Nachrichten.[135] Daher werden bei diesem Geschäftsmodell Einnahmen tendenziell indirekt durch Werbung realisiert.[136]

Commerce als weiteres Basisgeschäftsmodell umfasst die Anbahnung, Aushandlung und/oder Abwicklung von Geschäftstransaktionen. Die traditionellen Phasen einer Transaktion sollen dabei soweit wie möglich unterstützt, ergänzt und im Idealfall durch die Fähigkeiten des Internets substituiert werden. Die Anbahnung von Geschäftstransaktionen wird als Geschäftsmodellvariante *Attraction* bezeichnet, die Aushandlung von Geschäftstransaktionen als *Bargaining* bzw. *Negotiation*, und die Unterstützung der Abwicklung der Transaktion als *Transaction*. Commerce- Leistungen werden insbesondere von Handels- und Maklerunternehmen angeboten. Auch Hersteller erkennen hier eine Möglichkeit, Intermediäre zu umgehen und direkt den Kunden anzusprechen. Offensichtlich bieten sich hier transaktionsabhängige Erlösmodelle an, Hersteller und Handel erwirtschaften zumeist direkte Transaktionserlöse, Makler indirekte Erlöse durch Provisionen.[137]

Gegenstand des Geschäftsmodells Context ist die Klassifikation und Systematisierung von im Internet verfügbaren Inhalten. Dazu wird das Internet mit Hilfe auf für Nutzeranfragen relevante Inhalte untersucht. Die Art der Suche unterscheidet die Geschäftsmodellvarianten *Suchmaschinen* und *Web-Kataloge*. Suchmaschinen prüfen das Internet automatisiert und selbstständig nach relevanten Einträgen, während Web-Kataloge redaktionell erstellt werden. Die gefundenen Informationen können zudem noch aufbereitet werden, bevor sie dem Nutzer präsentiert werden. Diese Filterung und Strukturierung der verfügbaren Informationen verbessert die Orientierung bzw. die Navigation des Nutzers durch bestehende Inhalte. Für ihn reduziert sich die Komplexität der im

---

[133] Vgl. http://www.spiegel.de.
[134] Vgl. http://www.apple.com/itunes/store/music.html.
[135] Vgl. van Eimeren, Frees (2005), S. 372.
[136] Vgl. zu Geschäftsmodell Content Wirtz, Becker (2002), S. 86-87.
[137] Vgl. zu Geschäftsmodell Commerce Wirtz, Becker (2002), S. 87-88.

Internet angebotenen Inhalte und erhöht dadurch auch die Markttransparenz. Als Einstiegspunkte des Nutzers in das Internet besitzen sie hohe Zugriffsraten, die sie für indirekte Erlösmodelle bspw. Werbeeinblendungen attraktiv machen.[138]

Die Herstellung der Möglichkeit eines Informationsaustausches über das Internet ist Gegenstand des letzten Basisgeschäftsmodelltyps Connection. Die Variante *Intra-Connection* beschreibt das Angebot von Kommunikation innerhalb des Internets, die Variante *Inter-Connection* das Angebot von Kommunikation zum Internet, also den Zugang zum Internet. Die zu schaffenden Verbindungen können sowohl technischer, kommerzieller als auch rein kommunikativer Natur sein. Sie ermöglichen den Akteuren Interaktionen über das Internet, die in der physischen Welt aufgrund der Höhe von Transaktionskosten[139] oder Kommunikationsbarrieren nicht oder nur schwer realisierbar wären. Die Kommunikation der Mitglieder untereinander selbst stellt dabei ein Produkt dar („Member Generated Content"), das die Generierung von Marktforschungsdaten, den Einsatz kundenspezifischer Werbung, die Verbesserung des Kundenservices und die Erhöhung der Kundenbindung und des Umsatzes ermöglicht. Anbieter dieser Leistungsart sind u. a. Internet Service Provider (ISP) und Anbieter von E-Mail-Diensten. Auch Customer-Exchange-Communities, Netzwerke für den Austausch zwischen Nutzern, bieten Connection als Leistung an. Als Erlösmodelle sind sowohl direkte Transaktionsgebühren, insbesondere bei physischen Verbindungen an das Internet, als auch indirekte Einnahmen über Werbung geeignet.[140]

Die Basisgeschäftsmodelle werden von im Internet agierenden Unternehmen selten in ihrer Reinform genutzt.[141] Viele konkrete Geschäftsmodelle sind als hybride Variationen von Kombinationen der Basisgeschäftsmodelle aufzufassen.[142] Dies wird damit erklärt, dass durch eine zunehmende Verschärfung der Wettbewerbsintensität bestehende Geschäftsmodelle zur Steigerung ihrer Attraktivität um Ideen bzw. Leistungen anderer Geschäftsmodelltypen ergänzt werden.[143] Zum einen werden dadurch Verbundeffekte realisiert, einmal akquirierte Kunden können neben den Leistungen aus dem originären

---

[138] Vgl. zu Geschäftsmodell Context Wirtz, Becker (2002), S. 89.
[139] Transaktionskosten umfassen Kosten für die Informationssuche, Verhandlungen und Sicherstellung eines Leistungsaustauschs (Vgl. Sydow (1992), S. 130.).
[140] Vgl. zu Geschäftsmodell Connection Wirtz, Becker (2002), S. 89-90.
[141] Vgl. Strauss, Schoder (2002), S. 60.
[142] Vgl. Wirtz, Loscher (2001), S. 456.
[143] Vgl. Wirtz, Becker (2001a), S. 146.

Geschäftsfeld auch Leistungen aus anderen Geschäftsfeldern angeboten werden. Das hat zum anderen eine sog. multiple Kundenbindung zur Folge: Je mehr Leistungen ein Kunde bei einem Anbieter nutzt, desto größer sind seine Wechselkosten. Für den Fall, dass die einzelnen Leistungen verschieden abgerechnet werden, kann das anbietende Unternehmen zudem sein Erlösmodell diversifizieren. Diese Diversifikation resultiert in einer Reduzierung des Gesamtrisikos des Unternehmens.[144]

Die Leistungen jedes Geschäftsmodells werden trotz des Trends zu hybriden Geschäftsmodellen auch weiterhin zumindest in großen Teilen den einzelnen Basistypen zugeordnet werden können.[145] Anders ausgedrückt: Jedes Geschäftsmodell bietet eine Kombination der Basisleistungsarten.

3.3.2 Diskussion der 4C-Net-Business-Model Typologie zur Bewertung der Web 2.0-Entwicklungen

Ein allgemeiner Vorteil einer Klassifikation nach Leistungsangebot ist die Möglichkeit zur Homogenisierung der Geschäftsmodelle innerhalb der einzelnen Typen anhand leistungsspezifischer Kriterien. Unternehmen innerhalb der Typen verfügen über ähnliche Wertschöpfungsprozesse.[146] Zudem besagt das aus der Wettbewerbstheorie bekannte Bedarfsmarktkonzept, dass zur Abgrenzung eines relevanten Marktes die Produkte zu bestimmen sind, die von den Nachfragern als gleichwertig angesehen werden. Unternehmen mit der gleichen Art von Leistung sind folglich als homogene Gruppen bzgl. der Leistungserstellungsprozesse als auch bzgl. der Märkte, in denen sie agieren, aufzufassen.[147] Damit ist der Forderung, dass die Merkmale des Web 2.0 ähnliche Auswirkungen auf die Geschäftsmodelle eines Typs haben,[148] entsprochen.

Im Besonderen wurde jedoch bei der Wahl der Klassifizierung berücksichtigt, dass die als relevant erachteten Entwicklungen des Web 2.0 auf neuartigen Anwendungen und Zusammenarbeit fußen.[149] Diese können als Leistungen von Unternehmen (neuartige Anwendungen) und der Art der Erstellung der Leistung (Zusammenarbeit) interpretiert

---

[144] Vgl. Wirtz, Loscher (2001), S. 456.
[145] Vgl. Wirtz, Becker (2001a), S. 143.
[146] Vgl. Wirtz (2001), S. 217.
[147] Vgl. für diesen Abschnitt: Wirtz (2001), S. 217.
[148] Vgl. Kapitel 3.1.3
[149] Vgl. Definitionen von O'Reilly und Krol, S. 5.

werden. Daher ist eine Klassifizierung von internetbasierten Geschäftsmodellen anhand des Leistungsangebotes bei der Betrachtung der Entwicklungen des Web 2.0 als vorteilhaft anzusehen.

Nachteilig an dieser Klassifikation mag zuerst die Festlegung auf lediglich vier Basisleistungen erscheinen. Insbesondere in der Internetökonomie wird eine Vielzahl von Geschäftsmodellen verfolgt, die jeweils unterschiedliche Leistungen anbieten. Hier ist es besonders einfach, neue Leistungen zu kreieren und am Markt auszuprobieren.[150] Die Annahme liegt nahe, dass nicht alle Leistungsangebote von den beschriebenen vier Basisgeschäftsmodelltypen vollständig erfasst werden. Die Tatsache, dass diese Klassifikation bereits aus dem Jahr 2002 stammt, verstärkt diese Annahme insbesondere für neuere Geschäftsmodelle. Dennoch ist zu erwarten, dass zumindest große Teile der angebotenen Leistungen sich den einzelnen Basisleistungen zuordnen lassen. Denn diese Klassifikation unterscheidet nicht konkrete Leistungen, sondern Arten von Leistungen. Daher ist es anzunehmen, dass auch neue Leistungen zumindest teilweise den Basisleistungen zugeordnet werden können. Somit ist diese Typologie sogar als in hohem Maße zukunftsfähig aufzufassen.

---

[150] Vgl. Lotter (2006), S. 60.

4 Theoretisches Modell der Auswirkungen von Web 2.0-Merkmalen auf internetbasierte Geschäftsmodelle

4.1 Systematik des Modells

Dieses Modell leitet die Auswirkungen der in Kapitel 2 erarbeiteten Merkmale des Web 2.0 auf die in Kapitel 3 unterschiedenen Typen von internetbasierten Geschäftsmodellen theoretisch her. Jedem Merkmal wird qualitativ entweder keine/geringe Auswirkung (0), oder mittlere Auswirkung bis starke Auswirkung (+) auf jedes Partialmodell – Markt-, Beschaffungs-, Leistungserstellungs-, Leistungsangebots-, Distributions- und Kapitalmodell – jedes Geschäftsmodelltyps zugeordnet.[151] Die Auswirkungen der einzelnen Merkmale werden zuerst in je einem Unterkapitel von Kapitel 4.2 separat für jeden Typ erarbeitet und zur Veranschaulichung am Ende eines Unterkapitels in einer Tabelle zusammengefasst. Diese detaillierte Betrachtung soll eine breite Basis von Ergebnissen liefern, die in Kapitel 4.3 zu ein Gesamtmodell aggregiert werden, welches die Auswirkungen des Web 2.0 auf internetbasierte Geschäftsmodelltypen bestimmt, siehe hierzu auch Abbildung 4.1-1.

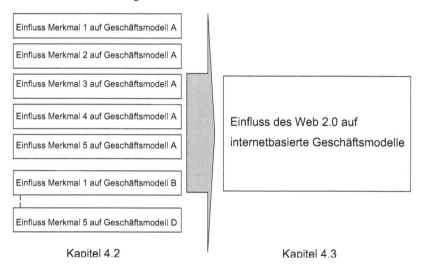

Abb. 4.1-1: Vorgehensweise Kapitel 4.[152]

---

[151] Die Klassifizierung in zwei Stufen wird im Rahmen dieser Arbeit für ausreichend erachtet, da das in Kapitel 4.3 zu erarbeitende Gesamtmodell auf insgesamt 120 Zuordnungen basiert.
[152] Quelle: Eigene Darstellung.

4.2 Aufstellen des Modells

4.2.1 Auswirkungen auf den Geschäftsmodelltyp Content

4.2.1.1 Auswirkungen der Generierung von Inhalt durch den Nutzer

Durch die zunehmende Generierung von Inhalt durch den Nutzer erhöht sich das Angebot an verfügbaren Inhalten im Internet. Diese neuen Inhalte sind zumeist kostenlos zu erwerben und besitzen teilweise eine sehr hohe Qualität.[153] Anbieter von Inhalten sehen sich folglich wachsender starker Konkurrenz gegenüber. Damit besitzt dieses Merkmal einen hohen Einfluss auf das Marktmodell eines Content-Anbieters. Insbesondere ist dies im Bereich E-Information durch den starken Anstieg der Blogospähre festzustellen.

Da diese Inhalte des Nutzers allerdings in der Regel frei verfügbar sind, können sie einfach als Basis für eigene Inhalte genutzt werden. Generierung von Inhalt durch den Nutzer vereinfacht demnach die Beschaffung von Informationen. Außerdem bietet sich die Gelegenheit, besonders guten Inhalt anbietende Nutzer abzuwerben und in das eigene Unternehmen zu integrieren.[154]

Dieser Gedanke findet seine logische Fortführung im Leistungserstellungsmodell von Content-Anbietern. Sie sollten prüfen, ob nicht zumindest in Teilen die Aufgabe der Leistungserstellung auf den Nutzer übertragen werden kann, so dass im Unternehmen lediglich noch die Koordination und Integration der Leistungserstellung verbleibt. Insbesondere im Bereich der Qualitätskontrolle kann ein Unternehmen den Kunden als kostenlosen Mitarbeiter einsetzten.[155] Dieser Effekt wird sicherlich in einem sozialen Netzwerk erhöht.[156]

Bei einer Leistungserstellung durch den Nutzer ist folglich auch das Leistungsangebot des Unternehmens, also die angebotenen Inhalte, in hohem Maße vom Nutzer abhängig. Zudem sollte ein Content-Anbieter als Reaktion auf die erhöhte Konkurrenz sein Leistungsangebot strategisch gut positionieren. Da die eine Strategie der Kostenführerschaft gegen die kostenlosen nutzergenerierten Angebote nur schwer zu verfolgen ist, erscheint es sinnvoll, sich auf bestimmte Kernkompetenzen zu konzentrieren.[157]

---

[153] Vgl. Lotter (2007), S. 54 und Jarzina (2006), S. 368.
[154] Vgl. Kowalewsky (2006), S. 36.
[155] Vgl. Mayerhöfer (2006), S. 68.
[156] Siehe daher auch Kapitel 4.2.1.2.
[157] Vgl. zu generischen Wettbewerbsstrategien Porter(1980), S. 34-46.

Das Kapitalmodell wird insbesondere im Erlösmodell betroffen. Da die Inhalte der eigenen Plattform in erhöhter Konkurrenz stehen und zudem verstärkt vom Nutzer abhängig sind, erscheinen direkte Erlösformen, bspw. Nutzergebühren, schwerer realisierbar. Dagegen erleichtern nutzergenerierte Inhalte die Beschaffung und damit die Finanzierung der Erstellung von Inhalten.

	Marktmodell	Beschaffungs-modell	Leistungserstel-lungsmodell	Leistungs-angebotsmodell	Distributions-modell	Kapitalmodell	Gesamt[158]
Generierung von Inhalt durch den Nutzer	+	+	+	+	0	+	5

Tab.4.2.1.1-1 Content - Auswirkungen des Generierens von Inhalt durch den Nutzer.[159]

4.2.1.2 Auswirkungen des Engagements in sozialen Netzwerken

Soziale Netzwerke können, sofern sie ihren Teilnehmern die Möglichkeit bieten Inhalte zu generieren, als effektives Werkzeug zur Beschaffung und Erstellung von Inhalten genutzt werden. Die Möglichkeit, sich über Inhalte im Internet zu präsentieren, honorieren Teilnehmer bei einigen Netzwerken damit, dass sie die Verwendungsrechte an ihren Inhalten freigeben. Die Finanzierung der Inhalte erfolgt damit sehr kostengünstig. Die Nutzer können einen direkten Einfluss auf das konkrete Leistungsangebot eines Anbieters von Content besitzen, falls dieses zu großen Teilen von deren Engagement abhängig ist. Soziale Netzwerke legen die Grundlage für eine Folksonomy und unterstützen somit die Auffindbarkeit der hinterlegten Inhalte. Im Rahmen des Kapitalmodells ist eine Auswirkung auf das Finanzierungsmodell denkbar, falls besonders wichtige Teilnehmer eines eigenen sozialen Netzwerkes über finanzielle Anreize weiter gefördert werden.

Auch die Präsenz in sozialen Netzwerken, die nicht Teil des eigenen Beschaffungs- und Leistungserstellungsmodells sind, kann positive Auswirkungen nach sich ziehen. Eine Beobachtung der Zielgruppen in diesen Netzwerken kann bewirken, dass etwaige Interessen oder aktuelle Themengebiete der Zielgruppen frühzeitig festgestellt und dadurch

---

[158] Diese Spalte summiert jeweils die Zuordnungen der Auswirkungen der Merkmale auf die Partialmodelle unter der Voraussetzung, dass alle Partialmodelle die gleiche Gewichtung innerhalb des Geschäftsmodells besitzen, auf.

[159] Quelle: Eigene Darstellung.

zielgerichtet Inhalte zu diesen Themen generiert werden können.[160] So bieten soziale Netzwerke einen idealen neuen Distributionskanal für Inhalte:[161] Da die Teilnehmer eines solchen Netzwerkes oft viele persönliche Informationen angeben, können Inhalte zielgruppenspezifisch aufbereitet und an die Teilnehmer weitergeleitet werden.

	Marktmodell	Beschaffungs-modell	Leistungserstel-lungsmodell	Leistungs-angebotsmodell	Distributions-modell	Kapitalmodell	Gesamt
Engagement in sozialen Netzwerken	0	+	+	+	+	0	4

Tab.4.2.1.2-1   Content - Auswirkungen des Engagements in sozialen Netzwerken.[162]

4.2.1.3 Auswirkungen der kollektiven Intelligenz

Dieses Merkmal hat wesentlichen Einfluss auf das Marktmodell eines Content-Anbieters: Der Konsument besitzt eine deutlich erhöhte Marktmacht, da die Bewertung von Inhalten selbstorganisierend ohne Kontrollmöglichkeiten seitens des Unternehmens geschieht.

Die Möglichkeiten dieses Merkmals beschränken sich beim Beschaffungs- und Leistungserstellungsmodell weitgehend auf den Fall, dass Nutzer in den Leistungserstellungsprozess mit eingebunden werden. Die Klassifizierung des von ihm eingebrachten Inhalts durch den Nutzer stellt sozusagen eine mögliche Zusatzleistung des Nutzers dar, da er so die eingebrachten Inhalte wieder auffindbar macht.[163] Insgesamt werden diese Teilmodelle durch dieses Merkmal nur wenig beeinflusst.

Gleiches gilt für den Einfluss dieses Merkmals auf das Leistungsangebotsmodell. Die Schnelligkeit bzw. Aktualität der Klassifizierung und Bewertung von Inhalten durch den Nutzer kann zu Vorteilen führen, wenn dadurch frühzeitig Trends in bevorzugten Inhalten erkennbar werden.[164] Eine flexible Anlage des eigenen Angebots an Inhalten erlaubt es dann schnell auf Kundenbedürfnisse eingehen zu können.

---

[160] Vgl. Stevens (2006), S. 39.
[161] Vgl. Heuer (2007), S. 73.
[162] Quelle: Eigene Darstellung.
[163] Vgl. Singh (2006a), S. 41.
[164] Vgl. Faltin (2006), S. 12.

	Marktmodell	Beschaffungsmodell	Leistungserstellungsmodell	Leistungsangebotsmodell	Distributionsmodell	Kapitalmodell	Gesamt
Kollektive Intelligenz	+	+	+	+	0	0	4

Tab. 4.2.1.3-1 Content - Auswirkungen kollektiver Intelligenz.[165]

4.2.1.4 Auswirkungen der Online-Anwendung von Programmen

RIAs ermöglichen es, dem Nutzer Anwendungen und Inhalte schneller und intuitiver aufbereitet zur Verfügung zu stellen als es über traditionelle Web-Applikationen möglich gewesen ist. So besitzen Inhalte anbietende Unternehmen die Möglichkeit, dem Nutzer die Inhalte so zur Verfügung zu stellen, als rufe er sie auf seinem lokalen Rechner. Dies stellt eine neue Qualität des Leistungsangebotes dar, das zudem aufwändiger herzustellen ist. Es ist zu prüfen, ob der Nutzer bereit ist, für die besser aufbereiteten Inhalte auch mehr bzw. überhaupt zu bezahlen.

RSS bietet neben der Darstellung im Browser eine weitere Möglichkeit, Inhalte über das Internet zu vertreiben und ermöglicht so weitere Distributionskanäle. Diese besitzen den Vorteil, dass der Nutzer bspw. über Newsfeeds über neue Inhalte informiert wird, und diese erst bei Bedarf ansieht. Die tatsächlich betrachteten Inhalte besitzen folglich durch diesen Opt-In eine hohe Relevanz für den Nutzer.[166] Dadurch hat etwaige eingepflegte Werbung sehr geringe Streuverluste zu verzeichnen. Daher ist eine verstärkte Nutzung des *Advertising model* im Erlösmodell eine logische Folge.

	Marktmodell	Beschaffungsmodell	Leistungserstellungsmodell	Leistungsangebotsmodell	Distributionsmodell	Kapitalmodell	Gesamt
Online-Anwendung von Programmen	0	0	+	+	+	+	4

Tab. 4.2.1.4-1 Content - Auswirkungen der Online-Anwendung von Programmen.[167]

---

[165] Quelle: Eigene Darstellung.
[166] Vgl. bis hierhin: Snow (2006), S. 35-36.
[167] Quelle: Eigene Darstellung.

4.2.1.5 Auswirkungen der Erhöhung der Reichweite von Software

Die Öffnung von Schnittstellen ermöglicht es, dass benötigte Ressourcen, bspw. Informationen, von anderen Web-Applikationen beschafft werden können und nicht intern erarbeitet werden müssen. Eigene Inhalte können so als Mash-Up aus fremden Inhalten kombiniert bzw. erstellt werden.

Die Erhöhung der Reichweite von Software hat verschiedene Möglichkeiten der Auswirkung auf das Leistungsangebotsmodell. So bietet sich die Möglichkeit, Inhalte nicht mehr länger als Ganzes, sondern als Funktion über eine Web-Applikation anzubieten, die Dritte dann für sich weiterverwenden. Des Weiteren können Inhalte verstärkt geräteunabhängig angeboten werden, oder auch speziell für neue Endgeräte entworfen werden. Bspw. sind spezielle Inhalte denkbar, die im Rahmen von lokalen Diensten dem Nutzer angeboten werden, sobald er mit seinem Endgerät bestimmte Orte erreicht.[168] Es ist daher davon auszugehen, dass Inhalte verstärkt über mobile Endgeräte vertrieben werden, dies stellt eine wesentliche Auswirkung auf das Distributionsmodell dar.

Damit einher geht die Auswirkung dieses Merkmals auf das Kapitalmodell, insbesondere auf das Erlösmodell. Die Möglichkeit, Inhalte als Funktion anzubieten, empfiehlt sich pro getätigten Funktionsaufruf abzurechnen. Damit können verstärkt *Fee-for-Service-Systeme*[169] im Erlösmodell eingesetzt werden.

	Marktmodell	Beschaffungs-modell	Leistungserstel-lungsmodell	Leistungs-angebotsmodell	Distributions-modell	Kapitalmodell	Gesamt
Erhöhung der Reichweite von Software	0	+	0	+	+	+	4

Tab. 4.2.1.5-1 Content-Auswirkungen der Erhöhung der Reichweite von Software.[170]

4.2.2 Auswirkungen auf den Geschäftsmodelltyp Commerce

4.2.2.1 Auswirkungen Generierung von Inhalt durch den Nutzer

Die Wettbewerbssituation wird zugunsten des Nutzers verändert, da der Nutzer einfache Möglichkeiten besitzt, Unzufriedenheit über Geschäftstransaktionen zu äußern. Insbe-

---
[168] Vgl. Roush (2006), S. 58.
[169] Siehe Kapitel 3.2.3.
[170] Quelle: Eigene Darstellung.

sondere werden Blogs große Auswirkungen auf Kaufentscheidungen nachgewiesen.[171] Im Bereich des Marketing erschließen sich mit den nutzergenerierten Internetseiten neue Werbemärkte, auf denen Werbung zielgerichtet platziert werden kann.[172] Dabei kann das Ansehen bzw. die Glaubwürdigkeit des Nutzers, auf dessen Seite geworben wird, positive Auswirkungen auf die Werbung besitzen.

Ein wesentlicher Aspekt bei der Unterstützung von Geschäftstransaktionen ist die Bereitstellung von Informationen zu Produkten oder Geschäftspartnern. Hier kann der Nutzer bspw. über Rezensionssysteme in Beschaffung und Leistungserstellung eingebunden werden und über persönliche Erfahrungen berichten. Zur Verfügung freigegebene externe nutzergenerierte Inhalte könnten bspw. über eine Verlinkung eingebunden werden. Ebenso ist eine Integration des Kunden in der After-Sales-Beratung denkbar, bspw. durch Foren zu Problemen oder Tipps und Tricks einzelner Produkte, aber auch zu Einzelheiten der Transaktionsabwicklung.[173] Soziale Netzwerke fördern diese Möglichkeiten.[174]

Damit einher geht der Einfluss dieses Merkmals auf das Leistungsangebotsmodell, denn durch das Angebot nutzergenerierter Inhalte vergrößert sich die Informationsmenge zu Produkten und Geschäftspartnern. Diese stellen eine exklusive Ressource dar, auf die andere Unternehmen nicht zugreifen können. Eine Analyse dieser Datenbestände, bspw. nach Kunden oder Zielgruppen kann zu neuen Erkenntnissen über Vorlieben und Trends der Kunden führen, und ermöglichen es, das Angebot weiter auf den Kunden zuzuschneiden.

Es sollte geprüft werden, ob die Generierung von Inhalten, die wesentliche Steigerungen in der Leistungserstellung zur Folge haben können, durch finanzielle Anreize, bspw. durch spezielle Rabatte, gefördert werden können. Dies hätte jedoch nur eine vergleichsweise geringe Verfeinerung des Erlösmodells zur Folge.

---

[171] Vgl. Stevens (2006), S. 39.
[172] Vgl. Fösken (2006), S. 97 und Faltin (2006), S.11.
[173] Vgl. Fry (2006), S. 26.
[174] Siehe hierzu auch Kapitel 4.2.2.2.

	Marktmodell	Beschaffungs-modell	Leistungserstel-lungsmodell	Leistungs-angebotsmodell	Distributions-modell	Kapitalmodell	Gesamt
Generierung von Inhalt durch den Nutzer	+	+	+	+	0	0	4

Tab. 4.2.2.1-1 Commerce - Auswirkungen des Generierens von Inhalt durch den Nutzer.[175]

4.2.2.2 Auswirkungen des Engagements in sozialen Netzwerken

In sozialen Netzwerken organisieren sich Einzelnutzer zu potentiellen Interessengruppen, da sich hier auf einfache Weise Menschen mit gemeinsamen Interessen zusammenfinden können. Die intensive Kommunikation der Teilnehmer fördert den Informationsaustausch über die Zufriedenheit von Geschäftstransaktionen. Damit steigern soziale Netzwerke im Rahmen des Marktmodells die Macht der Kunden.

Soziale Netzwerke bieten sich durch die Möglichkeit, ihre Teilnehmer nach ihren persönlichen Angaben zu Zielgruppen zu gruppieren, als idealer Werbemarkt an.[176] Dieser kann allerdings nur über eine Kooperation mit den Betreibern sozialer Netzwerke beworben werden. Einen Schritt weiter geht die Idee des „Promotional Chats"[177]. Hier versuchen bezahlte Werber unter unbekanntem Pseudonym in einer Community Werbebotschaften zu Marken oder Produkten zu geben. Durch sie wird die Glaubwürdigkeit anonymer Internetnutzer wieder abnehmen.[178]

Soziale Netzwerke stellen bei der Commerce-Variante „Portale zur Nachfrageaggregation" einen einfachen Weg der Organisation der Leistungserstellung dar, wenn es ihnen gelingt, die Nutzer in einem eigenen Netzwerk zu organisieren. Denn Teilnehmer, welche die gleichen Interessen besitzen, haben potentiell auch gleiche Kaufinteressen.

Bei Online-Shops kann durch soziale Netzwerke das Leistungsangebot derartig ausgebaut werden, dass Teilnehmern ein gemeinsames Einkaufserlebnis geboten wird. Sie können so die gleiche In-Store-Erfahrung bieten, die bei einem gemeinsamen Einkauf

---

[175] Quelle: Eigene Darstellung.
[176] Vgl. Braun (2006), S. 109.
[177] Synonym: „Online Buzz Marketing".
[178] Vgl. zu diesem Abschnitt Faltin (2006), S. 13.

mit Freunden oder Familie entsteht, indem dem man über Produkte spricht, die gerade bewusst im Browser des Nutzers angesteuert werden.[179]

Ebenso bieten sie bei Angabe privater Daten der Teilnehmer eine Möglichkeit, das Leistungsangebot spezifisch auf einzelne Nutzergruppen auszurichten. Denkbar wären z. B. spezielle Geschäftskonditionen für Teilnehmer bestimmter Netzwerke, die bei den jeweiligen Zielgruppen beliebt sind.

Die Spezifizierung der Angebote hat damit auch eine Spezifizierung des Preismodells im Rahmen des Erlösmodells zu Folge. Zudem muss bei einer Bewerbung auf externen sozialen Netzwerken die finanzielle Beteiligung der Betreiber mit eingerechnet werden.

	Marktmodell	Beschaffungs-modell	Leistungserstel-lungsmodell	Leistungs-angebotsmodell	Distributions-modell	Kapitalmodell	Gesamt
Engagement in sozialen Netzwerken	+	0	+	+	0	+	4

Tab. 4.2.2.2-1   Commerce - Auswirkungen des Engagements in sozialen Netzwerken.[180]

4.2.2.3 Auswirkungen der kollektiven Intelligenz

Kollektive Intelligenz steigert zusammen mit dem Merkmal, dass Nutzer einfach Inhalte erstellen können, zusätzlich den Wettbewerbsdruck in den Absatzmärkten. Negative wie positive Berichte über Geschäftstransaktionen können ohne Kontrolle des Unternehmens bewertet und verbreitet werden, bspw. durch Verlinkung von Erfahrungsberichten in Blogs (siehe Kapitel 2.3.1).[181] Die Märkte werden transparenter.

Auf das Beschaffungs- und Leistungserstellungsmodell eines Commerce-Abieters besitzt das Merkmal der kollektiven Intelligenz den Einfluss, dass Gegenstände von Transaktionen ebenfalls verstärkt durch den Nutzer bewertet werden können. Ebenso wie die Bereitstellung von Informationen ist die Bereitstellung von Bewertungen zu Produkten oder Geschäftspartnern ein wesentlicher Aspekt bei der Unterstützung von Geschäftstransaktionen. Bei einem Online-Shop bietet es sich an, zusätzlich zu einer Klassifikation durch den Betreiber die Möglichkeit des Tagging anzubieten. So können

---

[179] Vgl. für diesen Abschnitt Fry (2006), S. 26.
[180] Quelle: Eigene Darstellung.
[181] Vgl. Krol (2006), S. 2.

Nutzer ihren Einkauf mit Schlagwörtern belegen, unter denen sie ihn schneller wieder finden. Aber auch andere Nutzer können diese Tags nutzen, um in ihnen nach interessanten Produkten zu suchen.[182] Im Zusammenhang dazu steht der Einfluss dieses Merkmals auf das Leistungsangebotsmodell: Durch das Angebot nutzergenerierter Klassifikationen und Bewertungen vergrößert sich die Informationsmenge zu Produkten und Geschäftspartnern.

Die Auswirkungen auf das Kapitalmodell werden als gering eingeschätzt. So sollte geprüft werden, ob, ähnlich wie bei der Generierung von Informationen zu Aspekten von Geschäftstransaktionen, die Bewertung von Informationen durch finanzielle Anreize, bspw. durch spezielle Rabatte, gefördert werden kann. Dies hätte wiederum eine Verfeinerung des Preismodells innerhalb des Erlösmodells zur Folge.

	Marktmodell	Beschaffungsmodell	Leistungserstellungsmodell	Leistungsangebotsmodell	Distributionsmodell	Kapitalmodell	Gesamt
Kollektive Intelligenz	+	+	+	+	0	0	4

Tab. 4.2.2.3-1   Commerce - Auswirkungen kollektiver Intelligenz.[183]

4.2.2.4 Auswirkungen der Online-Anwendung von Programmen

Die Implementierungen von Anwendungen als RIAs auf Internetseiten können dazu genutzt werden, einen potentiellen Kunden bei der Durchführung einer Geschäftstransaktion im Internet zu unterstützen.[184] Im Bereich der Negotiation bzw. Bargaining könnten RIAs eine im Gegensatz zu bisherigen Web-Shops interaktivere und flüssigere Abwicklung ermöglichen. Dies kann durch Anwendungen geschehen, in denen der Kunde ohne ein Neuladen des Browsers seine Einkäufe tätigt und automatisch der Wert des Einkaufszettels und etwaige Vergünstigungen berechnet werden.[185] Des Weiteren können RIAs als Avatare integriert werden, die den Nutzern das System, bspw. den Online-Shop, erklären. Diese erhöhte Anwenderfreundlichkeit kann zur Folge haben, dass die

---

[182] Vgl. zu diesem Abschnitt Fry (2006), S. 26.
[183] Quelle: Eigene Darstellung.
[184] Vgl. Fry (2006), S. 26.
[185] Vgl. Fry (2006), S. 26.

hohen Abbruchquoten bei Online-Shops, die teilweise durch den Frust des Nutzers über fehlenden Komfort verursacht werden, verringert werden.[186]

Im Bereich der Geschäftsanbahnung bzw. Attraction bietet es sich an, Anwendungen zu komplexen Marketingtools auszubauen, welche die bisherige Bannerwerbung im Distributionsmodell ergänzen. Denkbar sind bspw. *Casual Games* oder durch RSS ermöglichte Nachrichtendienste, die in Bezug zu beworbenen Produkten oder Firmen stehen.[187]

Sofern bei Online-Händlern über den verstärkten Einsatz von RIAs eine Verringerung der Abbruchquote erreicht werden kann, würden diese erhöhten Umsatz und damit größere mögliche Gewinne verzeichnen. Dies kann innerhalb des Preismodells berücksichtigt werden, bedeutet aber keine gravierende Änderung des Erlösmodells.

	Marktmodell	Beschaffungs-modell	Leistungserstel-lungsmodell	Leistungs-angebotsmodell	Distributions-modell	Kapitalmodell	Gesamt
Online-Anwendung von Programmen	0	0	0	+	+	0	2

Tab. 4.2.2.4-1 Commerce – Auswirkungen der Online-Anwendung von Programmen.[188]

4.2.2.5 Auswirkungen der Erhöhung der Reichweite von Software

Die Erhöhung der Reichweite von Software ermöglicht über offene Schnittstellen bessere Zusammenarbeit mit Geschäftspartnern. Ein Unternehmen kann sich so auf einen bestimmten Aspekt der Geschäftstransaktionen, bspw. die Zahlungsabwicklung, konzentrieren und anderen Unternehmen als Service anbieten. Umgekehrt greift es bei Bedarf auf andere Unternehmen und deren Kernkompetenzen zurück. Eine Kooperation mehrerer spezialisierter Unternehmen könnte so alle Phasen einer Transaktion unterstützen und als gemeinsamen Service anbieten. Daher werden diesem Merkmal große mögliche Auswirkungen auf das Marktmodell zugeordnet.[189]

---

[186] Vgl. Karpinski (2006), S. 35.
[187] Vgl. zu diesem Abschnitt Rensmann (2006), S. 31.
[188] Quelle: Eigene Darstellung.
[189] Bezogen auf die Transaktionskostentheorie (Coase (1937), S. 386ff., bzw. Williamson (1975)), nach der abhängig von der Höhe der Transaktionskosten Ressourcen entweder im Unternehmen erstellt werden oder über den Markt bezogen werden, bedeutet dies eine Bewegung der Unternehmen zum Markt, da offene Schnittstellen die Verhandlungs-Transaktionskosten zwischen Geschäftspartnern senken. Vgl. auch Sydow (1992), S. 130.

Die Informationen zu Geschäftstransaktionen, bspw. über Produkte oder Geschäftspartner, können über Web-Applikationen von Partnern beschafft und in das eigene System integriert werden.

Da die Erhöhung der Reichweite von Software eine bessere Zusammenarbeit ermöglicht, kann die Leistungserstellung auf Kernkompetenzen konzentriert werden. Dieses Merkmal hat daher einen großen möglichen Einfluss auf das Leistungserstellungsmodell. Zugleich bietet es sich für Unternehmen an, seine Leistungen innerhalb einer Kooperation in Mash-Ups zu integrieren und über diese zu distribuieren.

Die Integration von neuen Endgeräten ermöglicht eine Erweiterung des Leistungsangebots, bspw. durch zeitlich und örtlich begrenzte Sonderangebote, die spontan an bestimmte Personengruppen angeboten werden. Dies wäre bspw. an die mobilen Endgeräte der Passanten einer Einkaufsstraße möglich.[190]

Spezialisierung und Kooperation mit Geschäftspartnern als Folge der Erhöhung der Reichweite bedeuten größere Abhängigkeit von den Erlösformen der Geschäftspartner. Für die Vermittlung von Kunden im Rahmen der Zusammenarbeit können Provisionen von Geschäftspartnern erwirtschaftet werden. Eine Integration von Mobiltelefonen ermöglicht die Bezahlung per Handy.[191]

	Marktmodell	Beschaffungsmodell	Leistungserstellungsmodell	Leistungsangebotsmodell	Distributionsmodell	Kapitalmodell	Gesamt
Erhöhung der Reichweite von Software	+	+	+	+	+	+	6

Tab. 4.2.2.5-1 Commerce - Auswirkungen der Erhöhung der Reichweite von Software.[192]

4.2.3 Auswirkungen auf den Geschäftsmodelltyp Context

4.2.3.1 Auswirkungen des Generierens von Inhalt durch den Nutzer

Das zusätzliche Angebot von nutzergenerierten Inhalten erhöht die Gesamtmenge an verfügbaren Informationen. Daher erhöht sich seitens des Nutzers der Bedarf an Klassifikation und Navigationshilfen durch die bestehenden Inhalte, also die Nachfrage an

---

[190] Vgl. zu diesem Abschnitt Mayerhöfer (2006), S. 68.
[191] Vgl. Grordon (2007), S. 30.
[192] Quelle: Eigene Darstellung.

Context-Leistungen. Dies resultiert in einer gestiegenen Marktmacht von Context-Anbietern.

Die Klassifikation und Systematisierung nutzergenerierter Inhalte bedeutet eine Erweiterung des möglichen Leistungsangebots. Allerdings sind hiermit Schwierigkeiten verbunden. Die explosionsartige Vermehrung an Blogs sowie ihrer Inhalte ist bspw. nur schwer redaktionell nachzuhalten und erschwert die Beschaffung, also die Informationsgewinnung über relevante Inhalte.[193] Daher bedarf es einer Anpassung des Leistungserstellungsmodells, um auch nutzergenerierte Inhalte zeitnah zu integrieren. Hier kann ebenso der Nutzer eingebunden werden. Denkbar wären die Integration von Werkzeugen, bspw. Wikis oder Blogs, in denen die Nutzer aktuelle Änderungen ihrer Inhalte bekannt geben.

	Marktmodell	Beschaffungsmodell	Leistungserstellungsmodell	Leistungsangebotsmodell	Distributionsmodell	Kapitalmodell	Gesamt
Generierung von Inhalt durch den Nutzer	+	+	+	+	0	0	4

Tab. 4.2.3.1-1 Context - Auswirkungen des Generierens von Inhalt durch den Nutzer.[194]

4.2.3.2 Auswirkungen des Engagements in sozialen Netzwerken

Die Inhalte vieler sozialer Netzwerke sind, da sie private Daten sind, nach außen abgeschirmt, so dass dritte Parteien nicht auf sie und ihre Inhalte zugreifen können. Damit können in zunehmendem Maß als von den Nutzern relevant erachtete Inhalte des Internets nicht von externen Context-Anbietern erfasst werden. Des Weiteren stellen soziale Netzwerke einen beliebten Einstiegspunkt in das Internet dar, falls sie sich wie mySpace zu einem Portal zu anderen Inhalten entwickeln.[195] Damit treten sie in Konkurrenz zu Context-Anbietern, die diese Position traditionell innehatten.[196] Folglich schwächen soziale Netzwerke die Marktposition von Context-Anbietern.

---

[193] Vgl. Heuer, Mattke (2006), S. 36.
[194] Quelle: Eigene Darstellung.
[195] Siehe auch Kapitel 2.3.3.
[196] Vgl. Wirtz, Becker (2002), S. 89 sowie Wirtz, Becker (2002a), S. 146.

	Marktmodell	Beschaffungs-modell	Leistungserstel-lungsmodell	Leistungs-angebotsmodell	Distributions-modell	Kapitalmodell	Gesamt
Engagement in sozialen Netzwerken	+	0	0	0	0	0	1

Tab. 4.2.3.2-1   Context - Auswirkungen des Engagements in sozialen Netzwerken.[197]

4.2.3.3 Auswirkungen der kollektiven Intelligenz

Das Merkmal der kollektiven Intelligenz hat insbesondere durch die Etablierung von Folksonomies unmittelbaren Einfluss auf die Kernkompetenzen von Context-Anbietern. Es schwächt deren Marktposition, denn die Klassifizierung von im Internet befindlichen Inhalten durch den Nutzer steht in potenzieller direkter Konkurrenz zu deren Klassifizierung durch einen kommerziellen Anbieter. Zurzeit werden jedoch durch Folksonomies lediglich Inhalte von Teilnetzen, bspw. Inhalte innerhalb sozialer Netzwerke, beschrieben. Es gibt keine Folksonomy-Plattform, die den Anspruch einer Gesamtschau auf im Internet befindliche Inhalte erhebt. Daher ist eine Konkurrenzsituation noch nicht gegeben und Anbieter von Context-Informationen können durchaus von Folksonomies profitieren.

Dies kann insbesondere im Rahmen der Beschaffung und Leistungserstellung geschehen. Da gerade die großen Mengen nutzergenerierter Inhalte nur schwer zu erfassen sind,[198] bietet sich hier die Möglichkeit, die Klassifizierungen der Nutzer zu übernehmen und in das eigene Leistungsangebot zu integrieren. Gerade über eine Kombination der beiden Klassifizierungsansätze – auf der einen Seite das klassische Taxonomie-System, das die Abbildung von hierarchischen Beziehungen ermöglicht, auf der anderen Seite der flexible und aktuelle bottom-up-Ansatz – können die Vorteile beider Systeme realisiert werden.[199]

Da Folksonomies zumeist innerhalb bestimmter Netzwerke etabliert sind, sollte eine Kooperation mit Anbietern sozialer Netzwerke verstärkt in Betracht gezogen werden.[200]

---

[197] Quelle: Eigene Darstellung.
[198] Siehe Kapitel 4.2.3.1.
[199] Vgl. Fox (2006), S. 170.
[200] Siehe Kapitel 4.2.3.2.

Eine solche Kooperation hat Auswirkungen auf das Kapitalmodell, da somit Dritte in das Erlösmodell eingebunden werden müssen.

	Marktmodell	Beschaffungsmodell	Leistungserstellungsmodell	Leistungsangebotsmodell	Distributionsmodell	Kapitalmodell	Gesamt
Kollektive Intelligenz	+	+	+	+	0	+	5

Tab. 4.2.3.3-1 Context - Auswirkungen kollektiver Intelligenz.[201]

4.2.3.4 Auswirkungen der Online-Anwendung von Programmen

Context-Anbieter haben das Merkmal der Online-Anwendung von Programmen prinzipiell eingeführt. Sie bieten ihren Dienst traditionell als im Internet ausführbares Programm an, entweder als Suchmaschine oder als Web-Katalog. RIAs bieten Möglichkeiten, das Leistungsangebot dieses Dienstes weiter zu verbessern, insbesondere im Bereich der Benutzerführung. Denkbar wären Funktionen, die Suchanfragen unterstützen, bspw. durch Vorschläge zur Verbesserung bzw. Korrektur der Suchanfrage oder deren automatische Vervollständigung. Bei der Suche nach Multimedia-Dateien kann ein Modus integriert werden, der dem Nutzer die Vorschau auf mögliche Ergebnisse erlaubt, ohne das Ergebnis selbst betrachten zu müssen.

Einen Schritt weiter geht die Überlegung, dem Nutzer Hilfsprogramme als Avatare zur Seite zu stellen, die den Nutzer von der Eingabe an begleiten und bis zum gesuchten Ergebnis führen. Die Etablierung von RSS und die damit verbundene Beschreibung der Bedeutung von Inhalten kann das Leistungsangebot dahingehend erweitern, dass zu gefundenen Inhalten weitere ähnliche Inhalte vorgestellt werden können.

	Marktmodell	Beschaffungsmodell	Leistungserstellungsmodell	Leistungsangebotsmodell	Distributionsmodell	Kapitalmodell	Gesamt
Online-Anwendung von Programmen	0	0	0	+	0	0	1

Tab. 4.2.3.4-1 Context - Auswirkungen der Online-Anwendung von Programmen.[202]

---

[201] Quelle: Eigene Darstellung.
[202] Quelle: Eigene Darstellung.

4.2.3.5 Auswirkungen der Erhöhung der Reichweite von Software

Da Context-Anbieter ihre Leistung traditionell als über das Internet ausführbares Programm vertreiben,[203] bietet ihnen dieses Merkmal des Web 2.0 Entwicklungschancen auf mehreren Gebieten. Zum einen können zur Beschaffung von Informationen über im Internet verfügbare Inhalte Schnittstellen geöffnet werden, so dass die Anbieter von Inhalten Informationen zu ihren Inhalten selber an den Context-Anbieter übermitteln können.[204] Für Anbieter von Inhalten bietet sich somit der Vorteil, dass ihre Inhalte über den Context-Anbieter besser gefunden werden können, und für den Context-Anbieter wird die Beschaffung erleichtert.

Die zunehmende Anzahl an Web-Applikationen bietet auch Chancen auf der Absatzseite: Das Wissen über im Internet verfügbare Inhalte stellt eine Ressource dar, die auch für andere, als Mash-Up konzipierte Dienste interessant sind. Über die Öffnung von Schnittstellen kann dieses Wissen ebenso in anderen Anwendungen vertrieben werden. Damit stellen Mash-Ups einen neuen Distributionskanal für Context-Anbieter dar.

Die Einbindung ihres Dienstes in andere Anwendungen kann auch eine Erweiterung des Kapitalmodells nach sich ziehen. Da somit auch Dritte von einer guten Qualität des Wissens profitieren, bietet es sich an, diese in Finanzierungs- und Erlösmodell einzubinden.

	Marktmodell	Beschaffungsmodell	Leistungserstellungsmodell	Leistungsangebotsmodell	Distributionsmodell	Kapitalmodell	Gesamt
Erhöhung der Reichweite von Software	0	+	0	+	+	+	4

Tab. 4.2.3.5-1   Context - Auswirkungen der Erhöhung der Reichweite von Software.[205]

---

[203] Siehe Kapitel 4.2.3.4.
[204] Vgl. Heuer, Mattke (2006), S. 36.
[205] Quelle: Eigene Darstellung.

4.2.4 Auswirkungen auf den Geschäftsmodelltyp Connection

4.2.4.1 Auswirkungen des Generierens von Inhalt durch den Nutzer

Durch die Tatsache, dass die gemeinsame Erzeugung von Inhalten eine gewisse Abstimmung der Mitglieder untereinander erfordert, eröffnen sich neue Marktchancen. Die Betonung des Gedankens der Zusammenarbeit in den Definitionen des Web 2.0 unterstreicht diesen Aspekt.[206] Folglich müssen die Nutzer miteinander kommunizieren können – ein neuer Absatzmarkt, Connection-Leistungen zur Unterstützung der Erstellung von Inhalten durch den Nutzer, gewinnt an Bedeutung. Folglich erhöht sich im Marktmodell die Gesamtnachfrage an Connection-Leistungen. Dabei ist zu beachten, dass dieser Bedarf an Kommunikation besonders durch den Bedarf an Zusammenarbeit entsteht. Dies sollte bei der Konzeption neuer Leistungsangebote berücksichtigt werden, die Connection-Leistung steht nicht im Vordergrund, sondern deren Integration in Werkzeuge zur Generierung von Inhalten.

Viele der bisher[207] vorgestellten Social Software zur Erstellung von Inhalten enthalten Aspekte der Kommunikationsunterstützung, diese können jedoch konsequenter verfolgt werden. Daher ergeben sich durch die Verstärkte Erstellung von Inhalten durch den Nutzer neue Chancen für Leistungsangebots- und Distributionsmodell. So ist Social Software denkbar, welche die Generierung von Inhalt durch die Integration mehrerer Kommunikationsmittel, bspw. IP-Telefonie, Instant Messanger oder Videokonferenzen, unterstützt, und damit einen neuen Distributionskanal für diese darstellen. Solche durchaus komplexeren Werkzeuge können kostenpflichtig vertrieben werden oder über den Gebrauch der darin enthaltenen Kommunikationsmittel Erlöse erzielen.

	Marktmodell	Beschaffungsmodell	Leistungserstellungsmodell	Leistungsangebotsmodell	Distributionsmodell	Kapitalmodell	Gesamt
Generierung von Inhalt durch den Nutzer	+	0	0	+	+	+	4

Tab. 4.2.4.1-1   Connection - Auswirkungen des Generierens von Inhalt durch den Nutzer.[208]

---

[206] Siehe Kapitel 2.1.
[207] Siehe Kapitel 2.3.1.
[208] Quelle: Eigene Darstellung.

4.2.4.2 Auswirkungen des Engagements in sozialen Netzwerken

Soziale Netzwerke integrieren, wie in Kapitel 2.3.2 bereits erläutert, bestehende Kommunikationsmöglichkeiten in einer Plattform. Zusätzlich geben sie den Nutzern Möglichkeiten, sich im Internet zu präsentieren, und sich die Präsentationen anderer Teilnehmer anzuschauen. Sie fördern also die multi-direktionale Kommunikation. So ist es schon vor der eigentlichen direkten Kontaktaufnahme möglich, andere Teilnehmer kennen zu lernen und zu prüfen, ob man Kontakt zu ihnen aufnehmen möchte. Über die Angaben persönlicher Interessen ist es des Weiteren möglich, gezielt nach jemandem zu suchen, zu dem man bisher keinen Kontakt hatte. Sie vereinfachen also die Möglichkeiten, mit potenziellen interessanten Teilnehmern Kontakt aufzunehmen, und erhöhen somit insgesamt Nachfrage an Connection-Leistungen, die nicht auf das soziale Netzwerk beschränkt sein müssen.

Durch die Möglichkeiten, auch innerhalb des sozialen Netzwerkes Nachrichten auszutauschen, können andere bisher etablierte Kommunikationsmethoden, bspw. E-Mail, Nachfrageeinbußen erleiden. Dies kann allerdings auch durch die insgesamt höhere Connection-Nachfrage ausgeglichen werden.

Ein soziales Netzwerk wird umso bedeutender, je mehr Teilnehmer sich darin befinden. Denn umso größer ist Chance für den einzelnen Teilnehmer, für ihn interessante Inhalte oder andere Teilnehmer zu finden. So kann das Engagement der Teilnehmer, bspw. indem sie Inhalte generieren, neue Teilnehmer akquirieren und damit als Instrument der Beschaffung im Bereich der Intra-Connection gesehen werden.

Insgesamt kann ein soziales Netzwerk als Kombination der uni-, bi- und multidirektionalen Kommunikationsmöglichkeiten als eine neue Form der Intra-Connection-Leistungen interpretiert werden, es erweitert das Leistungsangebotsmodell von Connection-Anbietern. Die Qualität und Leistungsfähigkeit ist in besonderem Maße von den Nutzern abhängig, zusätzlich ist im Marktmodell ein hoher Konkurrenzdruck zwischen sozialen Plattformen zu erkennen.[209] Da es in engem Zusammenhang mit anderen Merkmalen des Web 2.0 steht, insbesondere der Generierung von Inhalten und der kol-

---

[209] Aufgrund der hohen Konkurrenz vermeidet ein Großteil der Betreiber sozialer Plattformen, diese massiv mit auffälliger Werbung zu versehen. Auch das *Subscription model* gilt als schwierig umzusetzen. Vgl. hierzu MCormick (2001a), S. 10.

lektiven Intelligenz, bekommt es als Kommunikationsweg zusätzliches Gewicht und ist als bedeutende Connection-Leistungsart festzuhalten.

Die große Menge an persönlichen Daten, die in sozialen Netzwerken von den Teilnehmern selber angegeben werden, sowie der „Member Generated Content" können ferner Auswirkungen auf das Kapitalmodell haben. Sie erlauben eine zielgerichtete Ansprache der Nutzer und bieten im Rahmen des *advertising model* große Möglichkeiten. Es eröffnet sich zudem durch die Erlösgenerierung über den Verkauf der personenbezogenen Daten an Dritte die Integration des *infomediary model*[210] in das Erlösmodell.

	Marktmodell	Beschaffungs-modell	Leistungserstel-lungsmodell	Leistungs-angebotsmodell	Distributions-modell	Kapitalmodell	Gesamt
Engagement in sozialen Netzwerken	+	+	0	+	0	+	4

Tab. 4.2.4.2-1   Connection - Auswirkungen des Engagements in sozialen Netzwerken.[211]

4.2.4.3 Auswirkungen der kollektiven Intelligenz

Die Auswirkungen kollektiver Intelligenz allgemein reduzieren den Bedarf an direktem Informationsaustausch. Dieser wird durch sie optimiert: Folksonomies bilden sich bspw. ohne explizite Abstimmungen. In diesem Zusammenhang ist kollektive Intelligenz als besondere Form der Informationsdistribution interpretierbar, also als neuer Distributionskanal für Informationen.

Das gemeinsame direkte Bewerten von Produkten oder Dienstleistungen wird in Meinungsbildungsportalen bereits lange genutzt.[212] Sie bilden gewissermaßen den Kern von Leistungserstellung und Leistungsangebot von Meinungsportalen. Diese beinhalten allerdings auch Aspekte des Commerce-Geschäftsmodells, da sie Einfluss auf Aspekte von Transaktionen nehmen.

---

[210] Siehe Kapitel 3.2.3.
[211] Quelle: Eigene Darstellung.
[212] Vgl. Wirtz, Becker (2002), S. 90.

	Marktmodell	Beschaffungsmodell	Leistungserstellungsmodell	Leistungsangebotsmodell	Distributionsmodell	Kapitalmodell	Gesamt
Kollektive Intelligenz	0	0	+	+	+	0	3

Tab. 4.2.4.3-1 Connection - Auswirkungen kollektiver Intelligenz.[213]

4.2.4.4 Auswirkungen der Online-Anwendung von Programmen

Die Konzeption von Software als RIAs bietet zuerst die Möglichkeit, bei bestehenden Diensten die Handhabung zu unterstützen. Mailing-Services bspw. können so ihren Nutzern den Online-Zugriff auf ihren Account als RIA anbieten und so die gleiche Bequemlichkeit bieten wie bei der Bedienung ihres Mail-Clients auf dem lokalen Rechner.

RIAs bieten aber auch neue Möglichkeiten, das Angebot auf neue Medienformate auszuweiten. So ist zu erwarten, dass insbesondere Audio- und Videoformate stärker an Bedeutung gewinnen, bspw. in der Variante eines neuen Fernsehformates als IP-TV, welches im Bereich der einseitigen „1-n"-Kommunikation eine deutliche Erweiterung des Leistungsangebots darstellt und neue Märkte erschließt. Da IP-TV als On-Demand-Angebot auch zahlreiche Marktnischen und damit Nutzer individueller als klassisches Fernsehen bedienen kann, wird es auch als Werbeplattform interessant. Dies bietet neue Möglichkeiten das *Advertising model* verstärkt in das Erlösmodell zu integrieren.[214]

Des Weiteren können über RIAs Plattformen realisiert werden, die wie bereits[215] diskutiert als soziale Software zur Unterstützung gemeinsamer Arbeit dienen. Die Verlagerung dieser sozialen Software als Anwendung ins Internet liegt nahe, da so für alle Teilnehmer die gleichen Ressourcen vorliegen und Ergebnisse für alle Mitarbeiter zugreifbar gespeichert werden können. Des Weiteren bietet es sich an, mehreren Nutzern den simultanen Zugriff auf das gleiche Dokument zu gewähren, um gemeinsam daran zu arbeiten.

---

[213] Quelle: Eigene Darstellung.
[214] Vgl. für diesen Abschnitt Westphal (2006), S. 20.
[215] Siehe Kapitel 4.2.4.1.

	Marktmodell	Beschaffungs-modell	Leistungserstel-lungsmodell	Leistungs-angebotsmodell	Distributions-modell	Kapitalmodell	Gesamt
Online-Anwendung von Programmen	+	0	0	+	+	+	4

Tab. 4.2.4.4-1   Connection - Auswirkungen der Online-Anwendung von Programmen.[216]

4.2.4.5 Auswirkungen der Erhöhung der Reichweite von Software

Das Mash-Up Konzept bietet auch der Leistungsart Connection neue Möglichkeiten. So ist es denkbar, dass Anbieter von Kommunikationsmöglichkeit „A", bspw. eines Instant Messangers, seinen Service mit einem Anbieter von geografischen Informationen kombiniert, so dass die Nutzer dieses Mash-Ups zu geografischen Punkten Kontakt zu anderen Teilnehmern aufnehmen können. Mash-Ups stellen also einen neuen möglichen Distributionskanal für Connection-Leistungen dar. Den nächsten logischen Schritt bedeutet eine Kooperation mit einem Anbieter von Kommunikationsmöglichkeit „B", bspw. IP-Telefonie, so dass der Teilnehmer auch mehrere Kommunikationskanäle nutzen kann, folglich aus bestehenden Leistungsangeboten neue Leistungsangebote kombiniert werden. Die Auswirkungen von Kooperationen beinhaltet im Rahmen des Erlösmodells, dass Dritte mit beachtet werden müssen.

Die zunehmende Geräteunabhängigkeit durch die Verlagerung von Anwendungen ins Internet vergrößert den Nutzen eines Internetzugangs für weniger leistungsstarke Endgeräte, da diese die Anwendung nicht lokal ausführen, sondern lediglich das Ergebnis der Ausführung anfordern müssen. Daher wird sich die Nachfrage in Absatzmärkten für Anbieter von Inter-Connection-Leistungsangebote weiter erhöhen. Insbesondere sollte auch das Leistungsangebot im Bereich der mobilen Internetverbindungen weiter ausgebaut werden, da die Nutzer mobiler Internetzugänge potentiell besonders von lokalen Diensten profitieren können.[217]

Die Errichtung eines mobilen Internetzuganges in einem geografisch abgegrenzten Ort kann für verschiedene Seiten zum Vorteil sein, bspw. für Geschäfte, die innerhalb die-

---

[216] Quelle: Eigene Darstellung.
[217] Vgl. o.V. (2007b), S. 1.

ses Bereichs ihre Produkte bewerben können.[218] Dies hat Folgen für das Kapitalmodell: Zum einen können verschiedene Nutzer schon im Rahmen der Finanzierung hinzugezogen werden, zum anderen können auch von verschiedenen Nutzern Erlöse erzielt werden. Denkbar wären das *Fee-for-service model* zur Erlösgenerierung von den Nutzern oder das *Affiliate model* von beteiligten Unternehmen für die erfolgreiche Vermittlung von Transaktionen.

	Marktmodell	Beschaffungs-modell	Leistungserstel-lungsmodell	Leistungs-angebotsmodell	Distributions-modell	Kapitalmodell	Gesamt
Erhöhung der Reichweite von Software	+	0	+	+	+	+	5

Tab. 4.2.4.5-1 Connection - Auswirkungen der Erhöhung der Reichweite von Software.[219]

4.3 Aggregation der Auswirkungen

Folgend werden die einzelnen Ergebnisse zu einem gemeinsamen Modell der Auswirkungen der zentralen Merkmale des Web 2.0 auf internetbasierte Geschäftsmodelle zusammengefasst. Dafür werden zunächst für jeden Geschäftsmodelltyp die bisherigen Ergebnisse dargestellt, um die jeweils am stärksten beeinflussten Partialmodelle des Geschäftsmodells sowie die relative Bedeutung der zentralen Merkmale des Web 2.0 zu erkennen.

Auf Content-Geschäftsmodelle besitzen alle Merkmale des Web 2.0 deutlichen Einfluss, der größte Einfluss wird dabei dem Merkmal der Generierung von Inhalt durch den Nutzer zugesprochen. Insbesondere sind im Leistungsangebotsmodell Veränderungen durch die Entwicklungen des Web 2.0 zu erwarten. Das Kapitalmodell dagegen wird am wenigsten von Web 2.0 beeinflusst, hier sind nur wenige Veränderungen ableitbar.

Auch Commerce-Geschäftsmodelle werden sehr stark durch das Merkmal Erhöhung der Reichweite von Software beeinflusst. Dies resultiert insbesondere aus der Überlegung, dass dieses Merkmal die Zusammenarbeit zwischen Unternehmen im Rahmen von Kooperationen begünstigt und damit alle Partialmodelle des Geschäftsmodells betrifft. Es

---

[218] Siehe auch Kapitel 4.2.2.5.
[219] Quelle: Eigene Darstellung.

wird erwartet, dass der Bereich der Leistungserstellung am stärksten von den Entwicklungen des Web 2.0 beeinflusst wird, das Beschaffungsmodell am geringsten.

Context-Geschäftsmodelle werden am stärksten durch das Merkmal der kollektiven Intelligenz beeinflusst. Dieses stellt sowohl eine potentielle Gefahr sowie eine praktische Ergänzung zu Context-Leistungen dar, insbesondere über Folksonomies, die als eine neue Form der Context-Leistungsart angesehen werden können. Im Leistungsangebot werden durch die Entwicklungen des Web 2.0 die größten Veränderungen erwartet, im Distributions- und Kapitalmodell die geringsten.

Das Merkmal Erhöhung der Reichweite von Software besitzt die stärksten Auswirkungen auf Connection-Geschäftsmodelle, insbesondere im Bereich der Inter-Connection-Leistungsart erschließen sich dadurch neue Märkte und Leistungsmöglichkeiten. Die Intra-Connection-Leistungsart dagegen profitiert durch das Engagement der Nutzer in sozialen Netzwerken, die hier eine Erweiterung des Leistungsangebots darstellen. Folgerichtig wird das Leistungsangebotsmodell am stärksten von den Entwicklungen des Web 2.0 beeinflusst, das Beschaffungsmodell am geringsten.

Die folgende Tabelle veranschaulicht die bisher für jedes Geschäftsmodell erarbeiteten Auswirkungen der zentralen Merkmale des Web 2.0 zu einer Tendenz, in wie weit welcher Geschäftsmodelltyp von welchem Merkmal beeinflusst wird.[220] Die Merkmale mit den größten Auswirkungen auf das Geschäftsmodell eines Geschäftsmodelltyps werden mit großem Einfluss (++) bewertet. Gesamtwerte ab vier werden als mittleren (+), unter vier als nicht vorhandenen/niedrigen (0) Einfluss eingestuft.

	Content	Commerce	Context	Connection
Generierung von Inhalt durch den Nutzer	++	+	+	+
Engagement in sozialen Netzwerken	+	+	0	+
Kollektive Intelligenz	+	+	++	0
Online-Anwendung von Programmen	+	0	0	+
Erhöhung der Reichweite von Software	+	++	+	++

Tab. 4.3-1   Übersicht der Auswirkungen des Web 2.0 auf internetbasierte Geschäftsmodelle.[221]

---

[220] Hierfür wird die Anzahl der Partialmodelle, die ein Merkmal beeinflusst, als Grundlage genommen. Eine tabellarische Übersicht der Auswirkungen der zentralen Merkmale des Web 2.0 auf jeden Geschäftsmodelltyp ist in Anhang G zusammengestellt.
[221] Quelle: Eigene Darstellung.

Das Merkmal der Erhöhung der Reichweite von Software besitzt in allen Geschäftsmodellvarianten mittleren bis großen Einfluss auf das Geschäftsmodell, dem Engagement der Nutzer in sozialen Netzwerken wird dagegen geringere Bedeutung eingeräumt. Letzteres kann teilweise dadurch relativiert werden, dass diesem zumeist unterstützende Wirkung zugeschrieben wird.

5 Vergleich des theoretischen Modells mit Praxisbeispielen des Einsatzes von Web 2.0-Merkmalen

In den folgenden Kapiteln wird in Form von Praxisbeispielen aufgezeigt, wie einzelne Unternehmen Entwicklungen des Web 2.0 in ihr Geschäftsmodell integrieren. Analog zu den bisher verwendeten Übersichten werden die Auswirkungen der einzelnen Merkmale auf die konkreten Geschäftsmodelle dargestellt. Da im Rahmen dieser Arbeit keine detaillierte Analyse erfolgen kann, beschränkt sich die Darstellung in diesem Kapitel auf eine Skizze der herausragenden Anwendungen der Aspekte des Web 2.0.

Dieses Kapitel soll nicht der absoluten Validierung oder Falsifizierung des zuvor erarbeiteten theoretischen Modells dienen. Vielmehr sollen Möglichkeiten aufgezeigt werden, wie Web 2.0 erfolgreich in die Geschäftstätigkeit aufgenommen werden kann, und in welchen Bereichen des aufgestellten Modells Erweiterungen oder Änderungen der theoretischen Ableitungen vorgenommen werden können.

5.1 Einsatz von Web 2.0-Merkmalen bei dem Geschäftsmodelltyp Content

5.1.1 Praxisbeispiel Flickr

Flickr[222] ist ein Portal für die Präsentation von Fotos. Es gilt zudem als soziales Netzwerk, da die Mitglieder Möglichkeiten besitzen miteinander in Kontakt zu treten, daher kann es auch als Connection-Geschäftsmodell interpretiert werden. Es wurde im März 2005 von Yahoo!Inc. gekauft und in deren Context-Geschäftsmodell integriert. Im Folgenden wird jedoch auf die Aspekte von Flickr als Content-Geschäftsmodell Bezug genommen.

Die Inhalte von Flickr werden nicht von Flickr selbst generiert, sondern sind private Fotos, die von den Nutzern auf die Fotoplattform hochgeladen werden. Flickr nutzt im Beschaffungs- Leistungserstellungs- und Leistungsangebotsmodell folglich das Merkmal des Generierens von Inhalten durch den Nutzer. Dadurch ist es auch in hohem Maß von seinen Nutzern und ihren Inhalten abhängig. Zur Klassifizierung verwendet Flickr mit Folksonomies das Merkmal der kollektiven Intelligenz, indem jeder Nutzer seine und fremde Inhalte mit Schlagworten belegen kann. Ziel von Flickr ist es, sich als sozia-

---

[222] Vgl. http://www.flickr.com.

les Produkt zu positionieren und seine Nutzer in einer Gemeinschaft zu integrieren, die selbst durch „virales Marketing"[223] neue Nutzer akquiriert.[224]

Daher kann die Flickr-Gemeinschaft als soziales Netzwerk interpretiert werden, welches die Beschaffung neuer Mitglieder und Inhalte unterstützt.

Flickr verfügt über Aspekte einer Online-Anwendung: So genannte Watchlists, Dienste innerhalb Flickr, erlauben es den Nutzern die Fotoreihen eines anderen per RSS zu abonnieren.[225] Dies stellt einen weiteren Distributionskanal für die Inhalte neben der Internetseite dar. Neue Dienste können zunächst getestet werden und bei positiver Resonanz weiter ausgebaut werden. Durch das Konzept des perpetual beta werden neue Versionen von Flickr teilweise innerhalb einer halben Stunde veröffentlicht.[226]

Auch das Merkmal der Verbreitung der Reichweite von Software wird bei Flickr im Rahmen des Distributionsmodells verwendet. Durch das Öffnen der Programmierschnittstellen wird es Dritten erlaubt, neue Anwendungen zu entwerfen, die die Distribution der Inhalte von Flickr erweitern. Für das Marktmodell bedeutet dies, dass über Kooperationen die Stellung von Flickr im Markt gestärkt wird. Bspw. bietet die Webapplikation *Retrievr* über AJAX eine Ähnlichkeitssuche zu ausgewählten Bildern, deren Ergebnisse periodisch angezeigt werden. *Col Pickr* ist eine Anwendung, die eine Farbtonsuche in Flickr anbietet.[227]

Aussagen zum Erlösmodell sind nur unter Vorbehalt zu treffen, da Flickr seit 2005 in das Geschäftsmodell von Yahoo! integriert ist. Es soll insbesondere die Relevanz der Bildersuche von Yahoo! gegenüber Google erhöhen und so indirekt Erlöse über Werbung erzielen.[228] Wer jedoch bei Flickr unbegrenzt Bilder hochladen möchte, muss jährlich 25 Dollar bezahlen,[229] das *Subscription-based model* ist also ein Teilmodell des Erlösmodells.

---

[223] Synonym zu Mundpropaganda, vgl. hierzu Nitsche, Schlossbauer (2006), S. 24-25.
[224] Vgl. Fitzgerald (2006), S. 118.
[225] Vgl. O'Reilly (2005), S. 7.
[226] Vgl. O'Reilly (2005), S. 10.
[227] Vgl. Wartala (2006), S. 56.
[228] Vgl. Sinclair (2006), S. 41.
[229] Vgl. Masuhr (2007), S. 15.

	Marktmodell	Beschaffungs-modell	Leistungserstel-lungsmodell	Leistungs-angebotsmodell	Distributions-modell	Kapitalmodell	Gesamt
Generierung von Inhalt durch den Nutzer	+	+	+	+	0	0	4
Engagement in sozialen Netzwerken	0	+	0	0	0	0	1
Kollektive Intelligenz	0	+	+	+	0	0	3
Online-Anwendung von Programmen	0	0	0	+	+	0	2
Erhöhung der Reichweite von Software	0	0	0	+	+	0	2
Gesamt	1	3	2	4	2	0	

Tab. 5.1.1-1 Auswirkungen des Web 2.0 auf das Flickr.com-Geschäftsmodell.[230]

5.1.2 Praxisbeispiel Wikipedia

Wikipedia[231] ist ein Projekt, das auf der Wiki-Technologie[232] zur Erstellung einer freien Online-Enzyklopädie basiert. Die Inhalte stehen unter der GNU Freie Dokumentations-lizenz (GFDL), die aus der Free-Software-Bewegung heraus entstanden ist und es jedem Nutzer erlaubt, die Inhalte zu nutzen, zu verändern und weiter zu verbreiten.[233] Die Finanzierung von Wikipedia erfolgt über Wikimedia, einer gemeinnützigen Organisation, die sich über Spenden finanziert.[234] Wikipedia ist daher nicht kommerziell aufgestellt, soll jedoch im Rahmen der Arbeit als ein Geschäftsmodell vorgestellt werden, da zum einen die Merkmale des Web 2.0 auf herausragende Weise genutzt werden, und zum anderen durch die Nicht-Kommerzialität eine Perspektive der Entwicklung des Internets aufzeigt: Im Zusammenhang mit Web 2.0 wird oft davon gesprochen, dass die Datenbestände die Kernkompetenzen der Unternehmen darstellen können.[235] Unter diesem Gesichtspunkt kann Wikipedia mit einem freien Datenbestand als Gegenentwurf zu diesen proprietären Datenbeständen gesehen werden, ähnlich der Open Source Software als Gegenentwurf zu kommerzieller Software.[236]

---

[230] Quelle: Eigene Darstellung.
[231] Vgl. http://de.wikipedia.org/wiki/Hauptseite.
[232] Siehe Kapitel 2.3.1.
[233] Vgl. Klemper (2006), S. 16.
[234] Vgl. Klemper (2006), S. 16.
[235] Siehe Kapitel 2.3.5.
[236] Vgl. O'Reilly (2005), S. 10.

Es ist allen Internetnutzern gestattet, Inhalte selbst anzulegen und bestehende Inhalte zu modifizieren. Die Idee, dass jeder Eintrag von jedem Internetnutzer verändert werden kann, stellt ein radikales Experiment mit Vertrauen dar. Sie nimmt Bezug auf eine Maxime von Eric Raymond im Kontext der Open Source Software, nach der unter genügend wachsamen Augen alle Bugs sichtbar werden,[237] übertragen auf eine Enzyklopädie folglich alle falschen Informationen herausgefiltert werden. Damit nutzt Wikipedia im Beschaffungs- und Leistungserstellungsmodell nicht nur das Merkmal des Generierens von Inhalten durch den Nutzer, sondern auch das Merkmal der kollektiven Intelligenz.

Von verschiedenen Seiten wird kritisch angemerkt, dass die Artikel keinen organisierten Revisionsprozess durchlaufen müssen, bis sie veröffentlicht werden.[238] Die gute Qualität der Online-Enzyklopädie Wikipedia wird oft dadurch erklärt, dass falsche Informationen, egal ob absichtlich oder unabsichtlich eingebracht, von jedem Nutzer korrigiert werden können.[239] Allerdings trägt auch eine engagierte Community dafür Sorge, dass Einträge nicht bewusst verfälscht werden. Dazu haben sich allein in der deutschsprachigen Wikipedia 1000 Mitglieder, sog Wikipedianer,[240] organisiert, die jeweils wenigstens 100 Bearbeitungen im Monat aufweisen. Nach einer statistischen Auswertung der englischsprachigen Wikipedia sind lediglich 2,5 % der registrierten Autoren für ungefähr die Hälfte aller Artikel verantwortlich. In dieser Community stehen die Mitglieder, ebenfalls unterstützt durch Wikis, in regem Austausch untereinander bzgl. Arbeitsaufteilung und Regelwerk des Wikipedia-Projektes. Sie stellt folglich ein soziales Netzwerk dar. Das Engagement der Mitglieder in diesem sozialen Netzwerk unterstützt die Merkmale der Erstellung von Inhalten durch den Nutzer sowie der kollektiven Intelligenz.

Die Datenbestände der Wikipedia stehen, wie oben bereits erwähnt, jedermann offen. Sie sind auch über offene Programmierschnittstellen zugänglich und können so als Datenquellen in Mash-Ups verwendet werden.[241] Auf diese Weise ist eine Distribution der Daten der Wikipedia über andere Anwendungen möglich. Ähnlich wie Flickr kann sich so Wikipedia als Standard im Markt positionieren.

---

[237] Vgl. O'Reilly (2005), S. 5-6.
[238] Vgl. Denning, Horning, Parnas, Weinstein (2005), S. 152.
[239] Vgl. Klemper (2006), S. 15.
[240] Vgl. Klemper (2006), S. 15.
[241] Bspw. nutzt das Mash-Up placeopedia (http://www.placeopedia.com) Daten von Wikipedia.

	Marktmodell	Beschaffungs-modell	Leistungserstel-lungsmodell	Leistungs-angebotsmodell	Distributions-modell	Kapitalmodell	Gesamt
Generierung von Inhalt durch den Nutzer	+	+	+	+	0	0	4
Engagement in sozialen Netzwerken	0	+	+	+	0	0	3
Kollektive Intelligenz	+	+	+	+	0	0	4
Online-Anwendung von Programmen	0	0	+	0	0	0	1
Erhöhung der Reichweite von Software	+	0	0	0	+	0	2
Gesamt	3	3	4	3	1	0	

Tab. 5.1.2-1   Auswirkungen des Web 2.0 auf das Wikipedia.org-Geschäftsmodell.[242]

5.1.3 Vergleich der Content-Praxisbeispiele mit dem theoretischen Modell

Bei beiden Praxisbeispielen wird die im theoretischen Modell getroffene theoretische Aussage bestätigt, dass die Generierung von Inhalt durch den Nutzer das Geschäftsmodell wesentlich beeinflussen kann. Beide Geschäftsmodelle bieten Inhalte an, die durch den Nutzer erstellt worden sind. Ebenso werden bei beiden Geschäftsmodellen durch Web 2.0 erhebliche Auswirkungen auf das Leistungsangebot festgestellt, insbesondere bei Flickr.com.

Die Merkmale Online-Anwendung von Programmen und Erhöhung der Reichweite von Software werden dagegen von beiden Praxisbeispielen weniger intensiv in das Geschäftsmodell eingebunden.

Analog zu den theoretischen Ableitungen werden bei den Kapitalmodellen beider Praxisbeispiele keine Einwirkungen erkannt. Diese Aussage muss allerdings vor dem Hintergrund abgeschwächt werden, dass Wikipedia nicht-kommerziell agiert, und Flickr in das Geschäftsmodell von Yahoo! eingebunden ist.

---

[242] Quelle: Eigene Darstellung.

5.2 Einsatz von Web 2.0-Merkmalen bei dem Geschäftsmodelltyp Commerce

5.2.1 Praxisbeispiel eBay

Das Internetauktionshaus eBay ist das erste Unternehmen, das Customer-to-Customer Auktionen im großen Stil ermöglicht,[243] es wird daher auch als „person-to-person E-nabler" bezeichnet.[244] Insbesondere ermöglicht es als automatischer Vermittler gelegentliche Transaktionen mit geringem Wert und erschließt auf diese Weise erfolgreich Nischenmärkte, den sog. „Long Tail".[245] Als Erlösmodell nutzt eBay eine Variante des *Comission based model*.

So kann das Produkt von eBay als die gemeinschaftliche Aktivität aller Beteiligten interpretiert werden, das umso wertvoller ist, je mehr Leute teilnehmen. Die Vorteile gegenüber der Konkurrenz im Rahmen des Marktmodells liegen vor allem in der kritischen Masse von Käufern und Verkäufern begründet, die jeden neuen Markteinsteiger weniger attraktiv erscheinen lässt.[246] Die Informationen zu Produkten werden von den Nutzern eingestellt, eBay bedient sich also im Rahmen des Beschaffungs- und Leistungserstellungsmodells des Merkmals des Generierens von Inhalten durch den Nutzer. Des Weiteren haben Käufer und Verkäufer nach jeder Transaktion die Möglichkeit, sich gegenseitig zu bewerten. Auf diese Weise wird über eine große Anzahl subjektiver Bewertungen eine quasi-objektive Bewertung einzelner Teilnehmer durch die kollektive Intelligenz aller Teilnehmer geschaffen. Dies resultiert in Vertrauen zwischen den Teilnehmern, aber auch zum Unternehmen eBay. Außerdem ist eBay so in der Lage, über eine bedeutende Datenressource über Käufer bzw. Verkäufer zu verfügen, die einen Wettbewerbsvorteil gegenüber Konkurrenten darstellt.[247]

Im Rahmen des Web 2.0 baut eBay sein Geschäftsmodell weiter in Richtung gemeinschaftliches Produkt aus. Bisher handelten die Teilnehmer als Käufer und Verkäufer. Im Gegensatz dazu sollen sie sich jetzt als Teil einer Gemeinschaft bzw. sozialen Netzwerkes fühlen und enger ans Unternehmen gebunden werden. Zu diesem Zweck ermöglicht eBay seinen Teilnehmern Blogs zu erstellen und unterstützt die Sprachkommunikation

---

[243] Vgl. Amit, Zott (2001), S. 508.
[244] Vgl. Singh (2006), S. 40.
[245] Vgl. O'Reilly (2005), S. 8.
[246] Vgl. O'Reilly (2005), S. 9.
[247] Vgl. Amit, Zott (2001), S. 508.

zwischen den Teilnehmern mittels des zugekauften VoIP[248]-Anbieter Skype.[249] Auf diese Weise öffnet eBay seinen Kunden einen weiteren Informationskanal, sich über angebotene Produkte Informationen zu beschaffen. Das klassische Commerce-Leistungsangebot wird also um Content- und Connection-Leistungen ergänzt.

Des Weiteren hat eBay seine Schnittstellen geöffnet, so dass bspw. auf aktuelle Auktionslisten zugegriffen werden kann. Dies stellt eine Erweiterung des Distributionsmodells dar. Auf dieses Angebot wird auch gerne von Dritten im Rahmen deren Geschäftsmodelle zugegriffen: Im Jahr 2005 zählte eBay acht Mrd. Anfragen von 1900 Fremdapplikationen auf die eigene Distributionsschnittstelle.[250]

	Marktmodell	Beschaffungsmodell	Leistungserstellungsmodell	Leistungsangebotsmodell	Distributionsmodell	Kapitalmodell	Gesamt
Generierung von Inhalt durch den Nutzer	+	+	+	+	0	0	4
Engagement in sozialen Netzwerken	+	+	+	+	0	0	4
Kollektive Intelligenz	+	+	+	+	0	0	4
Online-Anwendung von Programmen	0	+	+	+	0	0	3
Erhöhung der Reichweite von Software	+	0	0	0	+	+	3
Gesamt	4	4	4	4	1	1	

Tab. 5.2.1-1   Auswirkungen des Web 2.0 auf das eBay.com-Geschäftsmodell.[251]

5.2.2   Praxisbeispiel Amazon.com

Amazon.com ist 1995 als Online-Buchhändler gegründet worden und wird durch seine Strategie, über Nutzerbeteiligung Wettbewerbsvorteile zu erringen, oft als Vorreiter des Web 2.0 zitiert.[252] Neben offiziellen durch Herausgeber veröffentlichten Informationen verfügt es über Informationen zu Inhalten durch den Nutzer, bspw. Rezensionen, Bewertungen und Bewertungen von Rezensionen, die bei Veröffentlichung in das Eigentum von Amazon.com übergehen.[253] So besteht eine Artikelseite heute nahezu vollstän-

---

[248] Abkürzung für „Voice over IP", Bezeichnung für Telefonie über das Internet.
[249] Vgl. bis hierhin Kowalewsky (2006), S. 37.
[250] Vgl. Wartala (2006), S. 57.
[251] Quelle: Eigene Darstellung.
[252] Vgl. O'Reilly (2005), S. 12.
[253] Vgl. O'Reilly (2005), S. 10.

dig aus Inhalten, die Kunden beigesteuert haben. Auf diese Weise werden die Kunden in das Unternehmen involviert und an das Unternehmen gebunden. Dies hat zur Folge, dass fast immer zu amazon.com verlinkt wird, wenn jemand im Internet ein Buch erwähnt.[254] Die Informationen über Artikel sind als eine der Kernkompetenzen des Unternehmens anzusehen, die einen erheblichen Wettbewerbsvorteil gegenüber Konkurrenten darstellen. So hat amazon.com sein Commerce-Geschäftsmodell durch die Generierung von Inhalt durch den Nutzer mit Aspekten des Content-Geschäftsmodells angereichert. Das Beschaffungsmodell nutzt dabei die Merkmale des Generierens von Inhalten durch den Nutzer sowie die kollektive Intelligenz, um Inhalte und Bewertungen zu erstellen.

Da der Wettbewerbsvorteil von amazon.com über die Nutzerbeteiligung generiert wird, ist es folgerichtig, dass die Nutzer über ein soziales Netzwerk intensiver an das Unternehmen gebunden werden sollen. Der neue E-Mail-Webservice S3, der das Speichern beliebiger Daten zulässt,[255] kann ähnlich dem Einsatz von Skype bei eBay als ein Kundenbindungsinstrument zur Unterstützung des Beschaffungsmodells interpretiert werden.

Das Merkmal der Erhöhung der Reichweite von Software wird konsequent in das Geschäftsmodell von amazon.com eingebunden, insbesondere in das Distributionsmodell. Amazon.com vergibt jedem angebotenen Artikel, der keine ISBN-Nummer besitzt, eine Identifikationsnummer aus dem gleichen Namensraum, und entwickelte so das ISBN-System zum ASIN-(Amazon Standard Identification Number) System weiter. Auf dieses System kann jeder Internetnutzer dank offener Schnittstellen zugreifen und in sein System, bspw. als Suchergebnis, integrieren. Falls über sein System ein Kauf bei amazon.com resultiert, kann er darüber hinaus im Rahmen des Affiliate-Modells von Amazon.com eine Provision erzielen. Amazon.com besitzt auf diese Weise geschätzte 200.000 externe Programmierer, die eigene (Geschäfts-)Ideen verfolgen,[256] aber jeweils das Geschäftsmodell von Amazon.com unterstützen. So hat Amazon.com im zweiten Quartal 2005 rund 28 % seines Umsatzes bzw. 490 Millionen Dollar über Fremdsysteme und damit über die eigenen Programmierschnittstellen verdient.[257]

---

[254] Vgl. Arbach, Hemmasi, (2006), S. 55.
[255] Vgl. Wartala (2006), S. 57.
[256] Vgl. Heuer (2007), S. 74.
[257] Vgl. Wartala (2006), S. 57.

	Marktmodell	Beschaffungs-modell	Leistungserstel-lungsmodell	Leistungs-angebotsmodell	Distributions-modell	Kapitalmodell	Gesamt
Generierung von Inhalt durch den Nutzer	+	+	+	+	0	0	4
Engagement in sozialen Netzwerken	+	+	+	+	+	0	5
Kollektive Intelligenz	+	+	+	+	0	0	4
Online-Anwendung von Programmen	0	+	+	+	0	0	3
Erhöhung der Reichweite von Software	+	0	0	0	+	+	3
Gesamt	4	4	4	4	2	1	

Tab. 5.2.2-1   Auswirkungen des Web 2.0 auf das Amazon.com-Geschäftsmodell.[258]

5.2.3 Vergleich der Commerce-Praxisbeispiele mit dem theoretischen Modell

Bei Commerce-Geschäftsmodellen wird im theoretischen Modell resultierend aus der Annahme, dass dies zu erhöhter Spezialisierung des eigenen Geschäftsmodells und Kooperation mit anderen spezialisierten Geschäftsmodellen führt, der größte Einfluss durch die Erhöhung der Reichweite von Software erwartet. Beide Praxisbeispiele bestätigen diesen Gedanken, jedoch lediglich im Bereich der Distribution. Hier verfügen beide Unternehmen allerdings über zahlreiche Kooperationen.

Als Partialmodell, das am stärksten durch Web 2.0 beeinflusst wird, ist im theoretischen Modell das Leistungsangebotsmodell identifiziert worden. Beide Praxisbeispiele weisen hier auch deutliche Auswirkungen auf.

---

[258] Quelle: Eigene Darstellung.

5.3 Einsatz von Web 2.0-Merkmalen bei dem Geschäftsmodelltyp Context

5.3.1 Praxisbeispiel Google

Das Unternehmen Google sieht sich selbst als Enabler von Informationen, stellt kaum eigene Inhalte ins Internet.[259] Es besitzt als wichtigstes Produkt die führende Internetsuchmaschine.[260] Als native Online-Anwendung nutzt Google die Idee des perpetual beta, der Suchalgorithmus wird täglich optimiert.[261]

Ihre marktbeherrschende Stellung nahm die Suchmaschine dadurch ein, dass sie für die Relevanz einer Internetseite die Anzahl der Verlinkungen zu dieser als Maßstab beachtete. Sie machte sich also unter der Annahme, dass ein Betreiber einer Internetseite nur zu für ihn interessanten Internetseiten verlinken würde, die Linkstruktur des Internets und damit die kollektive Intelligenz der Internetnutzer zu Eigen.[262]

Googles Erlösmodell folgt primär dem Advertising model, welches es zu einem Payper-click model bzw. pay-as-you-go-System verfeinert hat. Es schaltet nach den Suchanfragen die jeweils passende Werbung, wodurch den Werbern ein zielgruppengenaues Ansprechen möglich ist und lediglich geringe Streuverluste entstehen. Dieses Werbemodell wird inzwischen über Kooperationen auf andere Internetseiten, bspw. Blogs ausgeweitet. Viel beachtet wurde die Kooperation mit mySpace: Google zahlte 900 Millionen US-Dollar dafür, exklusiv die Seiten innerhalb des mySpace-Netzwerkes als Werbeflächen vermitteln zu dürfen.

Das Unternehmensziel von Google ist die Organisation der verfügbaren Informationen, viele Informationen liegen allerdings inzwischen in Video-Form vor,[263] so dass diese Informationen insbesondere in geschlossenen sozialen Netzwerken nicht länger erfasst werden können. Viele Kunden hatten zudem bekundet, dass sie ihre Anzeigen im Umfeld von Video- und Audiodateien platziert haben möchten.[264] Der Kauf von YouTube, Marktführer im Online-Video-Bereich, hat diese Lücke geschlossen, da dessen Angebot nun in Google integriert werden und zu Suchanfragen präsentiert werden kann.[265] YouTube stellt folglich eine Ergänzung zum Kerngeschäft dar und soll ebenso über Wer-

---

[259] Vgl. Lotter (2007), S. 60.
[260] Vgl. o.V. (2006), S. 71.
[261] Vgl. Saran (2006), S. 31.
[262] Vgl. o.V. (2006), S. 71.
[263] Vgl. o.V. (2006a), S. 2.
[264] Vgl. Bloed, Masuhr (2007), S. 19.
[265] Vgl. Masuhr (2007), S. 15.

bung Erlöse generieren.[266] So kostet der Anzeigenplatz oben rechts auf der YouTube-Startseite 175.000 US-Dollar pro Tag.[267] Zusätzlich ergänzen Provisionen dafür, dass YouTube Videos populär ins Internet stellt,[268] das Erlösmodell. Die Generierung von Erlösen durch Bezahldienste über den Nutzer wird als letzte Möglichkeit der Finanzierung angesehen.[269]

Auch bei YouTube kann Google das Prinzip der kollektiven Intelligenz anwenden, um die Qualität einzelner Videos festzustellen. Zum einen wird verfolgt, wie viele Menschen einen Clip ansehen, häufiger gesehene Videos besitzen eine hohe Relevanz. Zum anderen besitzen die Nutzer die Möglichkeit, die Videos direkt zu bewerten.[270]

Der Zukauf von Blogger.com, dem führenden Blog-Anbieter, bietet Google eine weitere Möglichkeit, sein Angebot bzgl. Organisation von Inhalten und deren Bewerbung auf Blogs auszuweiten. Somit nutzt Google indirekt über Blogs und Videos auch nutzergenerierte Inhalte als Werbeflächen in seinem Geschäftsmodell.

G-Mail, Google Maps, Writely und Picasa sind neben Suchmaschine und Videoportal weitere populäre Angebote von Google. Sie sind allesamt Online-Anwendungen, G-Mail ist ein Online-WebMail-Client, Google Maps bietet geographische Informationen, Writely ist eine Online-Texterstellungssoftware, Picasa eine Software zum Editieren von digitalen Photos. Die Grundversionen sind kostenlos, bei Picasa ist zusätzlicher Webspace zukaufbar.[271] Google Maps ist mit seiner offenen API die bekannteste Web-Applikation bei Mash-Ups.[272] Sie werden als Teile der als „Google-Vision" bekannten Strategie gesehen, das Internet als neues Betriebssystem zu etablieren, also als Plattform für Anwendungen auszubauen, die vorher auf dem lokalen Rechner beheimatet waren.[273] Die Angebote sind dabei, abgesehen von der zentralen Bewerbung, nicht miteinander vernetzt, sondern als separate Anwendungen konzipiert.

---

[266] Vgl. Bloed, Masuhr (2007), S. 18.
[267] Vgl. Masuhr (2007), S. 14.
[268] Vgl. Bloed, Masuhr (2007), S. 19.
[269] Vgl. Bloed, Masuhr (2007), S. 18.
[270] Vgl. Bloed, Masuhr (2007), S. 19.
[271] Vgl. Bloed, Masuhr (2007), S. 19.
[272] Vgl. Wartala (2006), S. 58.
[273] Vgl. Singh (2006a), S. 27 sowie o.V. (2006), S. 73.

	Marktmodell	Beschaffungs-modell	Leistungserstel-lungsmodell	Leistungs-angebotsmodell	Distributions-modell	Kapitalmodell	Gesamt
Generierung von Inhalt durch den Nutzer	0	+	+	+	0	0	3
Engagement in sozialen Netzwerken	0	0	0	0	0	0	0
Kollektive Intelligenz	0	+	+	+	0	0	3
Online-Anwendung von Programmen	0	0	0	+	0	0	1
Erhöhung der Reichweite von Software	0	0	0	0	+	0	1
Gesamt	0	2	2	3	1	0	

Tab. 5.3.1-1   Auswirkungen des Web 2.0 auf das Google.com-Geschäftsmodell.[274]

5.3.2 Praxisbeispiel Yahoo!

Yahoo! behauptet mit einem Marktanteil von knapp 25 % weltweit den zweiten Platz unter den Suchmaschinen.[275] Als klassischer Context-Anbieter hat sich Yahoo! als Portal zu Inhalten im Internet positioniert. Hierfür bedient es sich zum einen einer Suchmaschine, zum anderen einem redaktionell gepflegten Webverzeichnis, in dem gefundene Inhalte in bestehende Kategorien eingeteilt werden. Es nutzt das *advertising model* als Erlösform, da es als Portal viele Nutzer anzieht.

Yahoo! ist im Rahmen des Web 2.0 relativ breit aufgestellt: Mit der Fotoplattform Flickr und der Bookmark-Austauschplattform del.icio.us hat Yahoo! zwei große Netzwerke mit starken Communities akquiriert, die in das Yahoo!-Portal mit aufgenommen worden sind. Beide Plattformen basieren auf der Generierung von Inhalt durch den Nutzer und nutzen die kollektive Intelligenz über Folksonomies. Insbesondere Del.icio.us hat die Idee der Tag-Clouds populär gemacht.[276] Des Weitern wird seit längerem spekuliert, ob Yahoo! das besonders bei US-amerikanischen Studenten beliebte soziale Netzwerk Facebook übernehmen wird.[277]

Als zentrale Bausteine des Yahoo!-Portals gelten:[278]

---

[274] Quelle: Eigene Darstellung.
[275] Vgl. Masuhr (2007), S. 16.
[276] Vgl. Behme, Ziegler (2006), S. 58.
[277] Vgl. Masuhr (2007), S. 16.
[278] Vgl. Häberle (2007), S. 75.

- Yahoo!360°. Dieser Dienst vernetzt als soziales Netzwerk bisher getrennte Angebote. Ohne Programmierkenntnisse kann sich hier jeder Nutzer ein Informations- und Selbstdarstellungsportal mit Blogs, Chat, Foto- und Bookmark-Anwendungen einrichten.[279]
- Yahoo!Clever, eine „Soziale Suche" bzw. Frageplattform. Hier können Nutzer öffentlich Fragen stellen, die von anderen Nutzern beantwortet werden. Da die Yahoo!-Gemeinschaft sehr groß ist, erhofft sich das Unternehmen gute antworten durch die Gemeinschaft.[280] Dies stellt eine Anwendung der kollektiven Intelligenz dar.
- Yahoo!Video, eine Video-Plattform zum Austausch von Videos.
- Yahoo!Messanger, ein Instant-Messanger-System, nach eigenen Angaben nach dem Zusammenschluss mit MSN die weltgrößte Messenger-Plattform.
- Yahoo!Mail Beta, ein Online E-Mail-Client.
- Die Foto-Austauschplattform Flickr[281]

Besonders zu erwähnen ist an dieser Stelle der Service „Pipes", der es den Nutzern ermöglicht beliebige Web-Inhalte zu kombinieren, die andere Internetseiten im RSS- oder XML-Format bereitstellen. Eine der ersten Anwendungen verknüpft bspw. Artikel aus der New York Times mit automatisch gefundenen Bildern aus Flickr.[282] Damit verwendet Pipes die Merkmale des Generierens von Inhalten durch den Nutzer und die Erhöhung von Reichweite von Software.

Im Gegensatz zu Google versucht Yahoo!, seine Nutzer dauerhaft unter sein Markendach zu lotsen.[283] Ziel ist es vorerst, eine hohe Reichweite aufzubauen, die dann später vermarktet werden soll.[284]

Die hohe Integration der Nutzer über die verschiedenen Netzwerke soll zu einer hohen Nutzerakzeptanz führen und ein attraktives Feld für Werbung bieten.[285]

---

[279] Vgl. Wartala (2006), S. 55.
[280] Vgl. Nelson (2006), S. 4.
[281] Siehe Kapitel 5.1.1.
[282] Vgl. o.V. (2007a), S. 1.
[283] Vgl. Masuhr (2007), S. 16.
[284] Vgl. Häberlein (2007), S. 75.
[285] Vgl. Häberle (2007), S. 75.

Diese soll über intelligente, dezente Werbeformen unaufdringlich eingepflegt werden und den Nutzer nicht behindern, bspw. über Sponsored Listings in der sozialen Suche Yahoo!Clever. Durch eine starke Verknüpfung der einzelnen Angebote soll eine gemeinsame Infrastruktur entstehen, die insbesondere für Marktforschung genutzt werden kann: Vernetzte Online-Auftritte schaffen „Marken-Universen", in denen Yahoo! die Anziehungskraft einzelner Marken auf seine Nutzer beobachten und die gewonnen Informationen als „Member generated Content" mit den Markeninhabern teilen kann.[286] Damit integriert Yahoo! das *infomediary model* in sein Erlösmodell.

	Marktmodell	Beschaffungs-modell	Leistungserstel-lungsmodell	Leistungs-angebotsmodell	Distributions-modell	Kapitalmodell	Gesamt
Generierung von Inhalt durch den Nutzer	0	+	+	+	0	0	3
Engagement in sozialen Netzwerken	0	0	0	+	0	+	2
Kollektive Intelligenz	0	+	+	+	0	+	4
Online-Anwendung von Programmen	0	0	0	+	0	0	1
Erhöhung der Reichweite von Software	0	0	0	+	0	0	1
Gesamt	0	2	2	5	0	2	

Tab. 5.3.2-1   Auswirkungen des Web 2.0 auf das Yahoo!.com-Geschäftsmodell.[287]

5.3.3 Vergleich der Context-Praxisbeispiele mit dem theoretischen Modell

Die theoretische Annahme, dass das Merkmal der kollektiven Intelligenz eine hohe Relevanz für Context-Anbieter besitzt, wird durch die Praxisbeispiele unterstützt. Insbesondere Google.com hat dieses Merkmal beispielhaft in sein Beschaffungs- und Leistungserstellungsmodell integriert. Yahoo! dagegen nutzt es dazu in der Form des „Member-Generated-Content" bei der Erlösgenerierung durch das *infomediary model*. Ebenfalls bekräftigen die Praxisbeispiele die Annahme, dass das Leistungsangebot stark durch Web 2.0 beeinflusst wird.

Auffällig ist die Tatsache, dass beide Context-Anbieter in soziale Netzwerke investiert haben, was nicht im theoretischen Modell erkannt werden konnte. Analog kann bei die-

---

[286] Vgl. o.V. (2007), S. 2.
[287] Quelle: Eigene Darstellung.

sen Investitionen keine Erweiterung des eigentlichen Context-Geschäftsmodells gesehen werden. Die Akquisitionen sind stattdessen nötig, um Zugriff auf die nutzergenerierten Inhalte der Netzwerke zu erlangen und diese in das Leistungsangebot aufzunehmen.

5.4 Einsatz von Web 2.0-Merkmalen bei dem Geschäftsmodelltyp Connection

5.4.1 Praxisbeispiel AOL

AOL startete ursprünglich als reiner Internet-Service-Provider (ISP),[288] bediente also die Leistungsart Inter-Connection. Das Erlösmodell wurde daher durch Abonnement-Gebühren bzw. das *Subscription-based model* bestimmt. Zusätzlich bedient das Unternehmen über ein Portal das Context-Geschäftsmodell, über das Werbeeinnahmen generiert werden. Die Kombination der beiden Erlösmodelle und die damit verbundene Diversifikation der Erlöse werden oft als strategischer Wettbewerbsvorteil AOLs gegenüber Konkurrenzportalen angesehen.[289] Bzgl. der auf dem Portal angebotenen Internetsuchmaschine ist das Unternehmen eine strategische Allianz mit Google eingegangen.

Im Rahmen des Web 2.0 hat das Unternehmen allerdings einen Strategiewechsel vollzogen, um Social Networking und damit das Intra-Connection-Geschäftsmodell als Kern von AOL zu positionieren und verstärkt Werbeeinnahmen zu erzielen.[290] Hierfür bietet AOL seinen Werbekunden das Targeting-Instrument AOL Select Affinity, mit dessen Hilfe diese die Nutzer von AOL innerhalb des Angebots von AOL verfolgen und gezielt ansprechen können.[291]

Insbesondere der Instant Messenger wird neben E-Mail-Dienst, Foren und Chats zur zentralen Social-Networking-Plattform ausgebaut. Andere Anwendungen ähneln erfolgreichen Web 2.0-Diensten, AOL Pictures ist eine Fotoplattform nach dem Vorbild Flickr, die Video-Plattform AOL Uncut orientiert sich an YouTube, und AIM Pages ähnelt MySpace.[292] Die Connection-Angebote werden also mit Möglichkeiten Inhalte zu

---

[288] Vgl. Wirtz, Becker (2002), S. 86.
[289] Vgl. Stewart, Zhao (2000), S. 292.
[290] Vgl. Kalka (2006), S. 19.
[291] Vgl. Kalka (2006), S. 18.
[292] Vgl. http://pictures.aol.com/ ; http://uncutvideo.aol.com/Main.do ; http://start.aimpages.com/.
Vgl. auch Masuhr (2007), S. 15.

generieren angereichert. Zusätzlich runden Spiele und Sicherheitssoftware als Content-Leistungen das Gesamtangebot ab.

AIM Pages ist eine hochfunktionale Anwendung mit offener API, die die Community mit Modulen ergänzen kann.[293] Auf diese Weise wird auch das Web 2.0-Merkmal der Erhöhung der Reichweite von Software im Rahmen des Leistungsangebots- und Distributionsmodells genutzt. Zugleich werden eine stärkere Integration der Mitglieder und damit das Engagement im sozialen Netzwerk gefördert.

Die Änderung der Strategie zeigt bereits Folgen: Zwar hat AOL wegen des Verzichts auf Abonnement-Gebühren im letzten Quartal 2006 einen Erlösrückgang von 2,04 auf 1,98 Mrd. Dollar zu verzeichnen. Allerdings stiegen die Werbeerlöse um 48 % auf 479 Millionen Dollar.[294]

	Marktmodell	Beschaffungs-modell	Leistungserstel-lungsmodell	Leistungs-angebotsmodell	Distributions-modell	Kapitalmodell	Gesamt
Generierung von Inhalt durch den Nutzer	0	+	+	+	0	0	3
Engagement in sozialen Netzwerken	+	+	+	+	+	+	6
Kollektive Intelligenz	0	0	0	+	0	0	1
Online-Anwendung von Programmen	0	0	0	+	0	0	1
Erhöhung der Reichweite von Software	0	0	0	+	+	0	2
Gesamt	1	2	2	5	2	1	

Tab. 5.4.1-1   Auswirkungen des Web 2.0 auf das AOL.com-Geschäftsmodell.[295]

5.4.2   Praxisbeispiel Qype.com

Qype.com ist eine Plattform zum persönlichen Austausch über Dienstleister und Adressen einer Stadt,[296] und kann daher als Geschäftsmodell mit zentraler Connection-Leistungsart gesehen werden. Die Plattform basiert auf der Idee, dass niemand bessere Empfehlungen für eine Stadt geben kann als deren Bewohner selbst. Sie unterstützt die

---

[293] Vgl. Kalka (2006), S. 19.
[294] Vgl. Masuhr (2007), S. 15.
[295] Quelle: Eigene Darstellung.
[296] Vgl. Wartala (2006), S. 57.

1-zu-n-Kommunikation, da die Nutzer ihre Bewertungen auf Qype.com ohne konkrete Anfragen veröffentlichen. Sie bewerten ohne kommerzielle Belohnung Einrichtungen aller Art in ihrer Umgebung, vom Lokal bis zur Wäscherei. Qype.com kauft keine Inhalte selbst ein und nutzt das Merkmal des Generierens von Inhalten durch den Nutzer im Beschaffungs- und Leistungserstellungsmodell.[297] Ziel ist es, möglichst viele subjektive Einschätzungen zu lokalen Örtlichkeiten zu bekommen,[298] um auf diese Weise eine möglichst objektive Gesamtmeinung zu generieren. Dies entspricht der Nutzung des Merkmals der kollektiven Intelligenz. Dieses Merkmal wird durch Tagging der Bewertungen auch bei der Kategorisierung der Bewertungen verfolgt.[299]

Um die Glaubwürdigkeit seiner Bewertungen weiter zu erhöhen, muss der Nutzer, bevor er eine Bewertung abgeben kann, ein Nutzerprofil einrichten. Auf diese Weise versucht Qype.com zu verhindern, dass über Spam-Einträge überzogen positive oder negative Bewertungen entstehen.[300] So spielt die soziale Komponente der lokalen Suche eine entscheidende Rolle, die Nutzer der Plattform sollen sich mit Qype.com identifizieren und in einer Gemeinschaft integriert fühlen, so dass sie die Plattform auch anderen Internetnutzern weiterempfehlen. Das soziale Netzwerk von Qype.com unterstützt damit die Merkmale des Generierens von Inhalten durch den Nutzer und der kollektiven Intelligenz.

Das Kartenmaterial, das die Suche nach lokalen Informationen unterstützt, bezieht die Plattform über die offene Schnittstelle von Google Maps, nutzt also im Beschaffungsmodell das Merkmal der Erhöhung der Reichweite von Software. Daher stellt Qype.com ein typisches Beispiel eines Mash-Ups dar.[301]

Es nutzt als Online-Anwendung auch die Vorteile des perpetual-beta-Konzeptes, wenn sich ein Service bewährt, wird er sofort ausgebaut. Wird eine Funktion kritisiert, wird sie innerhalb von Tagen, manchmal auch nur Stunden verbessert.[302]

Als Erlösmodell konnte lediglich das *advertising model* festgestellt werden, welches allerdings kein Merkmal des Web 2.0 in herausragender Weise für sich einsetzt.

---

[297] Vgl. o.V. (2006b), S. 17.
[298] Vgl. Wartala (2006), S. 55.
[299] Vgl. Wartala (2006), S. 58.
[300] Vgl. Lange (2006), S. 27.
[301] Vgl. Wartala (2006), S. 58.
[302] Zitat von Qype-Gründer Uhrenbacher, vgl. Mayerhöfer (2006), S. 69.

	Marktmodell	Beschaffungs-modell	Leistungserstel-lungsmodell	Leistungs-angebotsmodell	Distributions-modell	Kapitalmodell	Gesamt
Generierung von Inhalt durch den Nutzer	0	+	+	+	0	0	3
Engagement in sozialen Netzwerken	0	+	+	+	+	0	4
Kollektive Intelligenz	0	+	+	+	0	0	3
Online-Anwendung von Programmen	0	0	+	0	0	0	1
Erhöhung der Reichweite von Software	+	+	+	0	0	0	3
Gesamt	1	4	5	3	1	0	

Tab. 5.4.2-1   Auswirkungen des Web 2.0 auf das Qype.com-Geschäftsmodell.[303]

5.4.3   Vergleich der Connection-Praxisbeispiele mit dem theoretischen Modell

Die bereits getroffene Aussage, dass soziale Netzwerke einen erheblichen Einfluss auf Connection-Geschäftsmodelle besitzen,[304] wird insbesondere von dem Praxisbeispiel AOL gestützt, das diese Intra-Connection-Leistungsart über mehrere Netzwerke zum Kern seines Leistungsangebotes macht. Ebenso bietet Qype.com seinen Teilnehmern das soziale Netzwerk als Connection-Leistungsart an.

Die anderen Merkmale des Web 2.0 werden bei AOL wie im entwickelten Modell im Leistungsangebot, bei Qype dagegen in der Leistungserstellung eingesetzt. Besonders deutlich wird dies bei der Erhöhung der Reichweite von Software. Daher können an einem Vergleich der beiden Beispiele die unterschiedlichen Ansätze der Integration von Web 2.0 verdeutlicht werden: AOL integriert alle Merkmale als Connection-Leistungen in sein Leistungsangebot. Qype dagegen nutzt alle Merkmale in der Leistungserstellung, um daraus eine neue Leistung zu erzeugen.

---

[303] Quelle: Eigene Darstellung.
[304] Siehe Kapitel 4.3. Auch ohne die konkrete Betrachtung der Praxisbeispiele kann die Bedeutung sozialer Netzwerke hervorgehoben werden: Ihnen wird für das Jahr 2007 ein Umsatz von 865 Millionen US-Dollar vorausgesagt, für das Jahr 2010 soll dieser auf 1,8 Milliarden ansteigen. Vgl. Häberle (2007), S. 74.

5.5 Trend zu hybriden Geschäftsmodellen der Praxisbeispiele

Alle angesprochenen Praxisbeispiele, unabhängig ihres Basisgeschäftsmodelltyps, weisen eine starke Tendenz zu hybriden Geschäftsmodellen auf. Insbesondere die Leistungsart Intra-Connection wird bei allen hier zitierten Praxisbeisielen in das Geschäftsmodell integriert, um über soziale Netzwerke Inhalte und Wissen zu generieren. Der Einsatz eigener sozialer Netzwerke kann also als eine Form von Werkzeug interpretiert werden, der der Erzeugung von Wettbewerbsvorteilen dient.

Den Nutzern muss ein Mehrwert geboten werden, dass sie sich in diesen sozialen Netzwerken engagieren. Die einzelnen Beispiele bieten diesen Mehrwert auf verschiedene Art: eBay bietet den Nutzern die Möglichkeit, sich positiv - im Sinne von vertrauenswürdig - darzustellen. Yahoo! und AOL etablieren sich als soziale Plattform, auf denen sich der Nutzer präsentieren und mitteilen kann. Flickr ermöglicht seinen Nutzern, eigene Inhalte zu präsentieren und fremde Inhalte zu konsumieren. Bei Qype und Wikipedia stehen nicht das Individuum, sondern der Mehrwert für die Gemeinschaft im Vordergrund.

Andererseits fördern auch Context- und Content-Leistungen die Inanspruchnahme von Intra-Connection-Leistungen. Diesen Weg beschreiten bspw. AOL und Yahoo!, die als Portal potentiellen Nutzern viele Betätigungsgebiete anbieten, um das Verhalten und die Kommunikation der Mitglieder im Gegenzug vermarkten zu können.

Offensichtlich führen die Entwicklungen des Web 2.0 zu einer stärkeren Vermengung der Leistungsarten, aus denen dann jeweils neue Leistungsangebote entstehen: Die Erstellung von Inhalten als klassische Content-Leistung wird über Online-Anwendungen, die bspw. durch die Konzeption als RIAs erhöhte Bequemlichkeit bieten, erleichtert. Das gemeinsame Generieren von Inhalten durch den Nutzer setzt eine gewisse Kommunikation zwischen den Nutzern voraus, also muss Connection als Leistungsart erbracht werden. Dies ist sehr einfach über soziale Netzwerke möglich. Auch die Erhöhung der Reichweite von Software fördert die Entwicklung von hybriden Geschäftsmodellen, da über offene Schnittstellen auf die Leistungen und damit auch auf die Leistungsarten anderer zurückgegriffen werden kann.

6　Fazit

In den Kapiteln zwei bis fünf wurde die Fragestellung bearbeitet, auf welche Weise und in welcher Intensität internetbasierte Geschäftsmodelle durch ausgewählte Entwicklungen des Web 2.0 beeinflusst werden. Dazu wurden in Kapitel 2 verschiedene Entwicklungen des Web 2.0 zu folgenden fünf zentralen Merkmalen verdichtet: Generierung von Inhalt durch den Nutzer, Engagement in sozialen Netzwerken, kollektive Intelligenz, Online-Anwendung von Programmen sowie Erhöhung der Reichweite von Software.

In Kapitel 3 wurden verschiedene Unterscheidungsmöglichkeiten internetbasierter Geschäftsmodelle aufgezeigt. Im Anschluss wurde die 4-C-Net-Basistypologie für die Untersuchung der Auswirkungen der zuvor erarbeiteten Merkmale als die am besten geeignete Klassifizierung ausgewählt. Sie unterscheidet die vier zentralen Leistungsarten Content, Commerce, Context und Connection, welche die Basis für Leistungsangebote eines konkreten Geschäftsmodells bilden.

Kapitel 4 fügte die Ergebnisse der vorhergehenden Kapitel in einem theoretischen Modell zusammen. Es konnten bei allen unterschiedenen Leistungsarten Einwirkungen durch die zentralen Merkmale abgeleitet werden, allerdings in unterschiedlichen Ausmaßen bzgl. der einzelnen Merkmale. Die stärksten Auswirkungen besitzt Web 2.0 bei der Leistungsart Content, bei dem bezüglich aller Merkmale Auswirkungen festgestellt werden können. Bei Commerce kann das Merkmal „Erhöhung der Reichweite von Software" einen hohen Einfluss besitzen, da es die Kooperation von Unternehmen unterstützt. Die Leistungsart Context dagegen wird am stärksten durch das Merkmal der kollektiven Intelligenz, insbesondere durch die Etablierung von Klassifizierungen von Inhalten durch den Nutzer, beeinflusst. Die Leistungsart Connection profitiert im Bereich der Kommunikationsunterstützung im Internet durch die Etablierung sozialer Netzwerke, im Bereich der Kommunikation in das Internet durch die Erhöhung der Reichweite von Software, über die eine erhöhte Nachfrage nach mobilen Internetzugängen erwartet wird.

Die Praxisbeispiele des Einsatzes von Web 2.0-Entwicklungen in Unternehmen unterstützen in Kapitel 5 zu großen Teilen das zuvor erarbeitete Modell, zeigen aber auch mögliche Ergänzungen auf. Auffällig ist hier der starke Einsatz sozialer Netzwerke bei dem Context-Geschäftsmodell, der im theoretischen Modell nicht abgeleitet wurde.[305] Als weiteres Ergebnis der Analyse der Praxisbeispiele kann durch Web 2.0 eine verstärkte Tendenz zu hybriden Geschäftsmodellen erkannt werden.[306]

Es bleibt jedoch festzuhalten, dass Web 2.0 eine sehr unterschiedliche Auswahl von Entwicklungen des Internets umfasst, und dass deren Einfluss auf konkrete Geschäftsmodelle nicht absolut bestimmt werden kann. Das entwickelte Modell bietet hierzu jedoch Anhaltspunke, welche Leistungsarten potenziell von welchen Entwicklungen beeinflusst werden können.

Kritisch ist am entwickelten Modell anzumerken, dass lediglich qualitative Zuordnungen der Auswirkungen der Merkmale auf einzelne Partialmodelle vorgenommen wurden.[307] Hier wäre eine quantitative Bewertung der Auswirkungen der Merkmale auf die einzelnen Partialmodelle eine eindeutige Verbesserung. Dies erscheint allerdings im Rahmen einer Literaturanalyse nur schwer durchführbar.

Ergänzender Forschungsbedarf besteht daher darin, das im Rahmen dieser Arbeit theoretisch hergeleitete Modell einer empirischen Prüfung zu unterziehen. Zudem wurde das erarbeitete Modell auf internetbasierte Geschäftsmodelle beschränkt. So kann eine Erweiterung des Modells auf nicht-internetbasierte Geschäftsmodelle das Thema einer folgenden Untersuchung sein.

---

[305] Vgl. Kapitel 5.3.4.
[306] Vgl. Kapitel 5.5.
[307] Vgl. Kapitel 4.1.

Literaturverzeichnis

Afuah, Tucci (2001): Afuah, Allan; Tucci, C. (2001): Internet Business Models and Strategies, New York.

Amit, Zott (2001): Amit, Raphael; Zott, Christoph: Value Creation in E-Business; In: Strategic Management Journal, 22. Jg., 2001, S. 493 - 520.

Arbach, Hemmasi (2006): Arbach, Souha; Hemmasi, Cyrus: Vernetzte Kunden gekonnt binden. In: Lebensmittel Zeitung, 43. Jg., 27.10.2006, S. 55.

Bächle (2006): Bächle, Michael: Social Software. In: Informatik Spektrum, 29. Jg., Nr. 2, S. 121 - 124.

Behme, Ziegler (2006): Behme, Henning; Ziegler, Cai: Web 2.0 versus Semantic Web. Smartes Chaos. In: IX, 13. Jg., Nr. 11, 2006, S. 54 - 59.

Benson, Favini (2006): Benson, Amy; Favini, Robert: Evolving Web, Evolving Librarian; In: Library Hi Tech News, Nr. 7, 2006, S. 18-21.

Bloed, Masuhr (2007): Bloed, Peter; Masuhr, Jens: Wir werden Akquisitionen tätigen. In: Focus Money, 31. Januar 2007, S. 18 - 20.

Böhnke (2006): Böhnke, Frank: Web 2.0 – das Mitmach-Web! In: VentureCapital Magazin, 7. Jg., Sonderausgabe Start-Up 2007, 2006, S. 66 - 67.

Breeding (2006): Breeding, Marshall: Web 2.0? Lets get to Web 1.0 first. In: Computers in libraries, 26. Jg., Nr. 26, S. 30-33.

Braun (2006): Braun, Marc-Michael: Venture Capital-Geber und das Web 2.0. In: VentureCapital Magazin, 7. Jg., Juli 2006, Sonderausgabe Tech-Guide 2006, S. 108 - 109.

Busch (2006): Busch, Oliver: Vom Sparmodus zu Hype. In: marketingjournal, 39. Jg., Sonderheft Web 2.0, 2006, S. 6.

Chen (2003): Chen, Stephen: The real value of "e-business models". In: Business Horizons, 46. Jg., Nr. 6, 2003, S. 27-33.

Chen, Ching (2002): Chen, Ja-Shen; Ching, Russel K.H: A proposed framework for transitioning to an e-business model. In: Quartely Journal of electronic commerce, 3. Jg., Nr. 4, 2002, S. 375-389.

D'Agostino, Page (2006): D'Agostino, Debra; Page, Dan: Security in the World of Web 2.0. In: Baseline, 5. Jg., Dec2006 Supplement, 2006, S. 12 - 15.

Danning, Horning, Parnas, Weinstein (2005): Danning, Peter; Horning, Jim; Parnas, David; Weinstein, Lauren: Wikipedia risks. In: Communications of the ACM, 48. Jg., Nr. 12, 2005, S. 152.

Doelle (2006): Doelle, Sven: Unternehmen sollten das Web 2.0 nicht verschlafen. In: Information Management und Consulting, 21. Jg., Nr. 3, 2006, S. 75 - 77.

Dolata (2006): Dolata, Ulrich: Geschäftsmodelle im Web 2.0. In: Blätter für deutsche und internationale Politik, 52. Jg., Nr. 11, 2006, S. 1398 - 1400.

Dubosson-Torbay, Osterwalder, Pigneur (2002): Dubosson-Torbay, Magali; Osterwalder, Alexander; Pigneur Yves: E-Business Model Design, Classification, and Measurements; In: Thunderbird International Business Review, 44. Jg., Nr. 1, 2002, S. 5 - 23.

Economides (1996): Economides, Nicolas: The Economics of networks. In: International Journal of Industrial Organization, 14. Jg., Nr. 6, 1996, S. 673 - 699.

Eckert, Zschäpitz (2006): Eckert, Daniel; Zschäpitz, Holger: Zweite Generation des Internets elektrisiert Börsianer. In: Die Welt, 06.12.2006, S. 17.

Faltin (2006): Faltin, Christian: Vom Web 2.0 zum Marketing 2.0. In: marketingjournal, 39. Jg., Sonderheft Web 2.0, 2006, S. 10-13.

Fitzgerald (2006): Fitzgerald, Michael: How we did it. In: Inc. Magazine, 21. Jg., Nr. 12, 2006, S. 116-118.

Fösken (2006): Fösken, Sandra: Was ist dran an Web 2.0. In: Absatzwirtschaft, Nr. 9, 2006, S. 96-100.

Fox (2006): Fox, Robert: Cataloging for the masses. In: OCLC Systems & Services: International digital library perspectives, 22. Jg., Nr. 3, 2006, S. 166 - 172.

Fry (2006): Fry, David: Web 2.0. What it really means to you. In: multichannelmerchant, 2. Jg., Nr. 12, 2006, S. 26.

Garret (2005): Garret, Jesse James: AJAX. A New Approach to Web Applications. http://www.adaptivepath.com/publications/essays/archives/000385.php, 2005-02-18, Abruf am 2007-02-27. ....

Geiger (2005): Geiger, Philipp: Mobilfunk Deutschland 2010. http://www.izmf.de/html/de/6329.html, Abruf am 2007-01-18.

Grob, vom Brocke (2006): Grob, Heinz Lothar; vom Brocke, Jan: Internetökonomie – Das Internet im Fokus hybrider Systeme. In: Grob, Heinz Lothar; vom Brocke, Jan (2006, Hrsg.): Internetökonomie, 1. Aufl., München, S. 1 - 20.

Grordon (2007): Grordon, Cindy: Location takes on innovation dimensions. In: KMWorld, 16. Jg., Nr. 1, 2007, S. 16 - 30.

Häberle (2007): Häberle, Elke: Gefährlicher Spielplatz. In: werben & verkaufen, 25.01.2007, S. 74.

Haislip (2006): Haislip, Alexander: Question of the day: Whats your MySpace strategy? In: Venture Capital Journal, 46. Jg., Nr. 9, 2006, S. 3 - 6.

Hess, Humm, Voß (2006): Hess, Andreas; Humm, Bernhard; Voß, Markus: Regeln für serviceorientierte Architekturen hoher Qualität. In: Informatik Spektrum, 29. Jg., Nr. 6, 2006, S. 395 - 411.

Heuer, Mattke (2006): Heuer, Steffan; Mattke, Sascha: Besser denn je. In: Technology Review, Nr. 3, 2006, S. 32 - 40.

Heuer (2007): Heuer, Steffan: Nackt und fit – Interview mit Don Tapscott. In: Brand-Eins, 7. Jg., Nr. 2, 2007, S. 70 - 75.

Holtrop (2003): Holtrop, Thomas: Herausforderungen des Internet 2.0 – Transfer in neue Nutzungswelten. In: Wirtz, Bernd W. (2003, Hrsg.): Handbuch Medien- und Multimediamanagement, 1. Aufl., Wiesbaden, S. 540 - 545.

Holtz (2006): Holtz, Shel: Communicating in the world of Web 2.0. In: Communication World, 23. Jg., Nr. 3, 2006, S. 24 - 27.

Jarzina (2006): Jarzina, Silke: Social Software im Unternemen nutzen – hier bloggt der Chef! In: Zeitschrift Führung + Organisation, 75. Jahrgang, Nr. 6, 2006, S. 367 - 369.

Kalka (2006): Kalka, Jochen: 70 Prozent Social-Media-Nutzung – Markenkommunikation im neuen Internet. In: marketingjournal, 39. Jg., Sonderheft Web 2.0, 2006, S. 17 - 19.

Karpinski (2006): Karpinski, Richard: What exactly is Web 2.0? In: B to B, 91. Jg., Nr. 15, S. 1 - 35.

Klemper (2006): Klemper, Arne: Wikipedia. In: marketingjournal, 39. Jg., Sonderheft Web 2.0, 2006, S. 14 - 16.

Kowalewsky (2006): Kowalewsky, Reinhard: web 2.0. In: Capital, 45. Jg., Nr. 16, 2006, S. 34 - 40.

Kremp (2007): Kremp, Matthias: Gemeinsam besser finden. http://www.manager-magazin.de/it/artikel/0,2828,465751,00.html, 2007-02-14, Abruf am 2007-02-17.

Krol (2006): Krol, Carol: Web 2.0: Join the revolution. In: B to B, 91. Jg., Nr. 15, S. 1 - 34.

Kubal (2006): Kubal, Larry: Should you invest in Web 2.0 innovations? In: Venture Capital Journal, 46. Jg., Nr. 7, 2006, S. 33 - 34.

Lam, Harrison-Walker (2003): Lam, Long W.; Harrison-Walker, L. Jean.: Toward an objective-based typology of e-business models. In: Business Horizons, 46. Jg., Nr. 6, 2003, S. 17 - 26.

Lange (2006): Lange, Corina: Web 2.0 zum Mitmachen. Die beliebtesten Anwendungen. ftp://ftp.oreilly.de/pub/katalog/web20_broschuere.pdf; Abruf am 2007-02-27.

Lembke, Vyborny (2006): Lembke, Gerald; Vyborny, Michael: Soziale Netzwerkanalyse. In: Wissensmanagement, 8. Jg., Nr. 5, 2006, S. 32 - 33.

Lotter (2007): Lotter, Wolf: Elementarteilchen. In: BrandEins, 7. Jg., Nr. 2, 2007, S. 52 - 61.

Lumpkin, Dess (2004): Lumpkin, G. T.; Dess, Gregory G.: E-Business Strategies and Internet Business Models: How the Internet adds value. In: Organizational Dynamics, 33. Jg., Nr. 2, S. 161 - 173.

Maaß, Schwerm (2005): Maaß, Christian; Scherm, Ewald: Wettbewerbsanalyse des Softwaremarktes – der Einfluss von Open-Source-Software. In: Zeitschrift Führung + Organisation, 74. Jg., Nr. 6, 2005, S. 333 - 338.

Mahadevan (2000): Mahadevan, B.: Business Models for Internet-Based E-Commerce: An Anatomy. In: California Management Review, 42. Jg., Nr. 4, 2000, S. 55 - 69.

Margulius (2006): Margulius, David L: Gartner's Hype Tech Hype Radar. In: Info-World, 28. Jg., Nr. 34, 2006, S. 13.

Masuhr (2007): Masuhr, Jens: Willkommen im Web 2.0. In: Focus-Money, 31.01.2007, S. 14 - 16.

Grob, vom Brocke (2006): Grob, Heinz Lothar; vom Brocke, Jan: Internetökonomie – Das Internet im Fokus hybrider Systeme. In: Grob, Heinz Lothar; vom Brocke, Jan (2006, Hrsg.): Internetökonomie, München, S. 1 - 20.

May (2003): May, Constantin: Geschäftsmodelle im E-Business. In: Schildhauer, Thomas (2003, Hrsg.): Lexikon Electronic Business, München, S. 90 - 95.

Mayerhöfer (2006): Mayerhöfer, Alexander: Das neue Netz. In: Impulse, 27. Jg., Nr. 9, 2006, S. 66 - 69.

MacCormack, Verganti, Iansiti (2001): MacCormack, Alan; Verganti, Roberto; Iansiti, Marco: Developing Products on "Internet Time": The Anatomy of a Flexible Development Process. In: Management Science, 47. Jg., Nr. 1, 2001, S. 133 - 150.

McCormick (2006a): McCormick, Andrew: Social networks compete for ad spend. In: New Media Age, 01.06.2006, S. 10.

McCormick (2006b): McCormick, Andrew: Secondary Schooling. In New Media Age, 30.11.2006, S. 21 - 22.

Meckel (2006): Meckel, Miriam: Wir sind das Web. In: marketingjournal, 39. Jg., Sonderheft Web 2.0, 2006, S. 8 - 9.

Müller (2006): Müller, Dietmar: Forrester: 3G dominiert – aber nicht vor Ende 2010. http://www.zdnet.de/itmanager/kommentare/0,39023450,39140347,00.htm, Abruf am 2007-01-18.

Mohammed, Fisher, Jaworski, Paddison (2003): Mohammed, Rafi A.; Fisher, Robert J.; Jaworski, Bernard J.; Paddison, Gordon J.: internet marketing: building advantage in a network economy. 2. Aufl. Singapur.

Mulpuru (2006): Mulpuru, Sucharita: 5 Trends for web 2.0? In: siliconindia, 10. Jg., Nr. 5, 2006, S. 22 - 23.

Notess (2006): Notess, Greg R.: The Terrible Twos: Web 2.0, Library 2.0, And More. In: Online, 30. Jg., Nr. 3, 2006, S. 40 - 42.

Nitsche, Schlossbauer (2006): Nitsche, Martin; Schlossbauer, Lars: Viruswarnung. In: marketingjournal, 39. Jg., Sonderheft Web 2.0, 2006, S. 24 - 25.

O´Reilly (2005): O´Reilly, Tim, What is web 2.0. http://www.oreillynet.com/pub/a/oreilly/tim/news/2005/09/30/what-is-web-20.html, Abruf am 2006-09-29.

Owens (2006): Owens, Jonathan D.: Electronic business: A business model can make the difference. In: Management Services, 50. Jg., Nr. 1, 2006, S. 24 - 28.

o. V. (2006): ohne Verfasser: Google. Fuzzy maths. In: The Economist, 2006-05-13, S. 71-73.

o.V. (2006a): ohne Verfasser: Two Kings get together. In: The Economist, 2006-10-14, S. 67 - 68.

o.V. (2006b): ohne Verfasser: Das Web 2.0 braucht lokalen Bezug. In: Computerwoche, 27. Oktober 2006, Nr. 43, S. 17.

o. V. (2006c): ohne Verfasser: Dialog Consult/VATM: Achte gemeinsame Marktanalyse zur Telekommunikation. http://www.vatm.de/content/studien/inhalt/27-09-2006.pdf, Abruf am 2006-11-14.

o.V. (2007): ohne Verfasser: Yahoo will endlich mit Web 2.0 Geld verdienen; http://www.spiegel.de/netzwelt/web/0,1518,463391,00.html, 2007-01-31, Abruf am 2007-01-31.

o.V. (2007a): ohne Verfasser: Mash-Up-Dienst und Video-Downloads bei Yahoo!. http://www.tagesschau.de/aktuell/meldungen/0,,OID6395984_REF1,00.html, 2007-02-09, Abruf am 2007-02-09.

o.V. (2007b): ohne Verfasser: Von Multimedia bis Mode. http://www.manager-magazin.de/it/artikel/0,2828,466303,00.html, 2007-02-14, Abruf am 2007-02-27.

Porter (1980): Porter, Michael E. (1980): Competitive Strategy, 1980, New York.

Nelson (2006): Nelson, Paul: Yahoo turns to people power. In Travel Weekly: The Choice of Travel Professionals, 2006-06-09, S. 4.

Rappa (2001): Rappa, Michael: Managing the digital enterprise: business models on the Web, in:http://ecommerce.ncsu.edu/business_models.html, Abruf am 2007-02-27.

Rausch (2006): Rausch, Peter: Web 2.0. In: Das Wirtschaftsstudium (WISU), 35. Jg., Nr. 12, 2006, S. 1517.

Rensmann (2006): Rensmann, Jörg: Neue Wege im (Geschäfts-)Kundendialog. In: Direkt Marketing, 42. Jg., Nr. 11, 2006, S. 30 - 36.

Rentmeister, Klein (2006): Rentmeister, J.; Klein; S. : Geschäftsmodelle in der New Economy. In: Das Wirtschaftsstudium (WISU), 30. Jg., Nr. 3, 2001, S. 354-361.

Röttgers (2006): Röttgers, Janko: Die Flickrisierung Yahoos. http://www.heise.de/newsticker/meldung/70637, 2006-03-10, Abruf am 2007-02-27.

Roppel (2006): Roppel, Stephan: Die Zukunft „Perpetual Beta"?, In: marketingjournal, 39. Jg., Sonderheft Web 2.0, 2006, S. 7.

Rosenbloom (2004): Rosenbloom, Andrew: The Blogosphere. In: Communications of the ACM, 47. Jg., Nr. 12, 2004, S. 31 - 33.

Roush (2005): Roush, Wade: Soziale Maschinen. In: Technology Review, Nr. 8, 2005, S. 57 - 63.

Roush (2005a): Roush, Wade: Tagging is it. In: Technology Review, Vol. 108, Issue 6, 2005, S. 21 - 22.

Saran (2006): Saran, Cliff: Drive business change with web 2.0. In: Computer Weekly, 11/07/2006, S. 30-32.

Schachter, Yen (2006): Schachter, Bart; Yen, Richard: Web 1.0 Winners offer Lessons For Second Race. In: Venture Capital Journal, 46. Jg., Nr. 8, 2006, S. 37 - 38.

Schipul (2006): Schipul, Ed: The Web's next generation: Web 2.0. In: Public Relation Tactics, 13. Jg., Nr. 3, 2006, S. 23.

Schütte, Diederich (2006): Schütte, Carsten; Diederich, Lars: Neues aus der Blogospähre – digitale Mundpropaganda via Werbung. In: marketingjournal, 39. Jg., Sonderheft Web 2.0, 2006, S. 26 - 28.

Schwickert (2004): Schwickert, Axel C.: Geschäftsmodelle im Electronic Business – Bestandsaufnahme und Relativierung. In: JLU Gießen - Arbeitspapiere Wirtschaftsinformatik Nr. 2 / 2004.

Shapiro, Varian (1999): Shapiro, Carl; Varian, Hal R.: The Art of Standard Wars. In: California Management Review, 41. Jg., Nr. 2, 1999, S. 8 - 32.

Sinclair (2006): Sinclair, Mark: What is Flickr. In: Creative Review, June 2006, S. 39 - 41.

Singh (2006): Singh, Sunil: Technology Web 2.0 Connectedness, Sharing and the social internet. In: siliconindia, 10. Jg., May 2006, S. 40 - 41.

Singh (2006a): Singh, Sunil: Web 2.0 Online Communities, Personalization and the Web OS. In: siliconindia, 10. Jg., June 2006, S. 26 - 27.

Snow (2006): Snow, Robin: Rethinking the web. New technologies bring new communication tools. In: Marketing Health Service, 26. Jg., Nr. 2, 2006, S. 35 - 37.

Stahlknecht / Hasenkamp (2002): Stahlknecht, Peter; Hasenkamp, Ulrich: Einführung in die Wirtschaftsinformatik, 10. Auflage, Berlin, Heidelberg: Springer 2002.

Spanbauer (2006): Spanbauer, Scott: New, improved web. In: PC World, 24. Jg., Nr. 2, 2006, S. 80 - 88.

Stanger (2007): Stanger, James: Web 2.0. What it means to you. In: Certification Magazine, 9. Jg., Nr. 1, 2007, S. 36 - 38.

Stewart, Zhao (2000): Stewart, David W.; Zhao, Qin: Internet Marketing, Business Models, and Public Policy; In: Journal of Public Policy & Marketing, 19. Jg., Nr. 2, 2000, S. 287 - 296.

Stevens (2006): Stevens, Ruth P.: Web Watch 2.0. In: Direct, 18. Jg., Nr. 14, 2006, S. 39 - 40.

Strauß, Schoder (2002): Strauß, Ralf; Schoder, Detlef (2002): eReality, Frankfurt am Main: 2002.

Timmers (1998): Timmers, Paul (1998): Business Models for Electronic Markets, in: Gadient, Yves; Schmid, Beat F.; Selz, Dorian: EM - Electronic Commerce in Europe. EM - Electronic Markets, 8. Jg., Nr. 2, http://www.electronicmarkets.org/modules/pub/view.php/electronicmarkets-183, Abruf am 2007-09-01, S. 3 - 8.

Van Eimeren, Frees (2005): van Eimeren, Birgit; Frees, Beate: Nach dem Boom: Größter Zuwachs in internetfernen Gruppen. ARD/ZDF Online-Studie 2005. In: Media Perspektiven, 36. Jg., Nr. 8, 2005, S. 362 - 379.

Van Eimeren, Frees (2006): van Eimeren, Birgit; Frees, Beate: Schnelle Zugänge, neue Anwendungen, neue Nutzer? ARD/ZDF Online-Studie 2006. In: Media Perspektiven, 37. Jg., Nr. 8, 2006, S. 402 - 415.

Wartala (2006): Wartala, Ramon: Weltbaukasten – Mashup: eine Revolution in Zeiten des Web 2.0. In: iX – Magazin für Informationstechnik, 13. Jg., Nr. 7, 2006 S. 54 - 59.

Weill, Vitale (2001): Weill, Peter; Vitale, Michael R. (2001). Place to space: Migrating to eBusiness models. Boston: Harvard Business school.

West (2003): West, Joel: How Open is Open Enough? Melding Proprietary and Open Source Platform Strategies In: Research Policy, 32. Jg., Nr. 7, 2003, S. 1259-1285.

Westphal (2006): Westphal, Michael: Wir sind das Fernsehen! IPTV in der Dimension des Web 2.0. In: marketingjournal, 39. Jg., Sonderheft Web 2.0, 2006, S. 20 - 23.

Wirtz (2001): Wirtz, Bernd W. (2001): Electronic Business, 2. erweiterte Aufl., Wiesbaden.

Wirtz, Becker (2002): Wirtz, Bernd W.; Becker, Daniel R.: Geschäftsmodellansätze und Geschäftsmodellvarianten im Electronic Business – Eine Analyse zu Erscheinungsformen von Geschäftsmodellen. In: Wirtschaftswissenschaftliches Studium (WiSt), 31. Jahrgang, Nr. 2, 2002, S. 85 - 90.

Wirtz, Becker (2002a): Wirtz, Bernd W.; Becker, Daniel R.: Erfolgsrelevanz und Entwicklungsperspektiven von Geschäftsmodellvarianten im Electronic Business, in: Wirtschaftswissenschaftliches Studium (WiSt), 31. Jahrgang, Nr. 3, 2002, S. 142 - 148.

Wirtz, Loscher (2001): Wirtz, Bernd W.; Loscher, Bernhard: ZP-Stichwort: Geschäftsmodelle in der Internetökonomie. In Zeitschrift für Planung, 24. Jg., Nr. 12, 2001, S. 451 - 458.

Anhang A: Definitionen des Web 2.0

- O'Reilly betrachtet Web 2.0 bezüglich neuer Designvorlagen/-prinzipien und Geschäftsmodelle für eine neue Software-Generation.[1] Das Internet wandelt sich zu einer Computerplattform, die Anwendungen und Daten für Benutzer bereitstellt.

- Meckel sieht, basiert auf einer Analyse 40 sog. Web 2.0 – Services, in Web 2.0 die „Idee der gemeinsamen Maximierung kollektiver Intelligenz und der Bereitstellung von Nutzenwerten für jeden Teilnehmer durch formalisierte und dynamische Informationsteilung und -herstellung".[2]

- Breeding schreibt von einer neuen Vision des Internets, die größere Interaktivität, Kontrolle des Nutzers über Informationen, radikale Personalisierung, die Entwicklung von Online-Gemeinschaften und demokratisches Management von Informationen verspricht.[3]

- Faltin sieht mit Web 2.0 einen Versuch, eine neue Generation des Datenaustausches und der Kommunikation via Internet zu umschreiben.[4]

- Mayerhöfer erkennt in der Offenheit der Systeme den wesentlichen Unterschied zum alten Internet. Die Infrastruktur bleibt gleich, aber Inhalte, Nutzung und Nutzungsmöglichkeiten ändern sich. Der Nutzer greift aktiv in die Informationsaufbereitung ein, bestimmt über den Inhalt.[5]

- Für Fry besteht das Web 2.0 aus einer zweiten Generation von Internetseiten, die neue Technologien nutzen, um dem Nutzer neuartige, intensivere Erfahrungen zu vermitteln.[6]

- Stanger erkennt in Web 2.0 zwei Hauptelemente: Social networking und feature-rich applications delivered through a Web browser.[7]

---

[1] Vgl. O'Reilly (2005), S. 1.
[2] Vgl. Meckel (2006), S. 8.
[3] Vgl. Breeding (2006), S. 30.
[4] Vgl. Faltin (2006), S. 10.
[5] Vgl. Mayerhöfer (2006), S. 66.
[6] Vgl. Fry (2006), S. 26.
[7] Vgl. Stanger (2007), S. 36.

- McFedries betrachtet es als seine zweite Phase in der Evolution des Internets, in der Entwickler Webseiten erstellen, die auf den Nutzer wie Desktop-Programme wirken und die Zusammenarbeit und Kommunikation zwischen den Nutzern fördern.[8]
- Für Singh sind die interessanten Aspekte die innovativen Werkzeuge, die von Untenehmen entwickelt werden und es dem Nutzer ermöglichen einfach zusammenzuarbeiten.[9]
- Für Kubal agiert ein Unternehmen im Web 2.0, wenn es Blogs, RSS-Feeds, Vlogs, social networking tools oder podcast nutzt.[10]
- Krol definiert es als eine Kombination von Geschäftsprozessen, Prinziprien und Technologien, die dem Nutzer Partizipation und Zusammenarbeit ermöglichen.[11]
- Tapscott sieht als wirkliche Bedeutung eine globale Infrastruktur, in der Kollaborationskosten gegen null fallen.[12]
- Stevens beschreibt Web 2.0 als die neue Generation von Online-Services, die durch das Internet geliefert werden.[13]
- D'Agostino und Page vertreten die Auffassung, dass grundsätzlich Web 2.0 jedes Werkzeug und jede Anwendung mit einbezieht, die über das Internet bezogen wird und es ihren Nutzern erlaubt miteinander zu interagieren.[14]
- Saran definiert Web 2.0 als neue Generation von Web-Technologie. Es bezieht sich auf ein Set von Technologien wie AJAX und RSS Feeds zusammen mit social bookmarking, blogs, wikis, folksonomies und anderen Möglichkeiten, Menschen Zusammenarbeit und Informationsaustausch zu ermöglichen.[15]

---

[8] Vgl. McFedries (2006), S. 52.
[9] Vgl. Singh (2006a), S. 40.
[10] Vgl. Kubal (2006), S. 33.
[11] Vgl. Krol (2006), S. 1.
[12] Vgl. Heuer (2007), S. 71.
[13] Vgl. Stevens (2006), S. 39.
[14] Vgl. D'Agostino, Page (2006), S. 12.
[15] Vgl. Saran (2006), S. 32.

Anhang B: Grundlagen des Web 2.0

Technologische Neuerungen

Einen wesentlichen Einfluss auf die Nutzung des Internets wird der Art des Internetanschlusses zugesprochen.[16] Im Jahr 2006 griffen 48 % aller privaten Internetnutzer mittels Breitbandanschlüssen auf das Internet zu, dies entspricht einem Zuwachs von 12 % gegenüber dem Vorjahr.[17] Per Breitbandanschluss sind deutlich höhere Up- und Downloadraten als per Zugang durch ISDN oder analogem Modem realisierbar, die in der Zeit vor 2001 bei Endbenutzern die am weitesten verbreiteten Zugangsarten waren. Im Breitbandmarkt ist DSL[18] mit 95,5% Marktanteil die am weitesten verbreitete Technologie, laut dem Verband der Anbieter von Telekommunikations- und Mehrwertdiensten (VATM) verfügten im September 2006 14,9 Millionen Bundesbürger über einen DSL-Anschluss.[19] Sie ermöglicht eine Bandbreite von 8 MBit im Download- und 768 KBit im Uploadbereich und damit das effiziente Transferieren von größeren Datenmengen, bspw. bei Musik- oder Videodateien.[20]

Seit Mitte der 90er Jahre hat sich zudem das Mobiltelefon in deutschen Haushalten etabliert, so besaßen Ende 2004 86 % der Menschen in Deutschland ein Handy.[21] Daraus folgen Konsequenzen für das Medium Internet. Mittels der GSM-Technologie ist bereits seit 1992 der mobile Zugriff auf das Internet möglich. Durch GRPS, eine Erweiterung des GSM-Standards, sowie durch die UMTS-Technologie können schnell größere Datenmengen an das Mobiltelefon übertragen werden. Bereits 2005 waren 90 % der Mobiltelefone internetfähig, 21 % der europäischen Anwender nutzen mindestens einmal im Monat mobile Internet-Dienste.[22] So stieg durch einen überproportionalen Zuwachs der Datenübertragungsnutzung der Non-Voice-Anteil an den Serviceumsätzen 2006 im

---

[16] Vgl. van Eimeren, Frees (2006), S. 410.
[17] Vgl. van Eimeren, Frees (2006), S. 408.
[18] Zwar wurde die DSL-Technologie bereits in den 90er Jahren des letzten Jahrhunderts entwickelt, dennoch begann erst nach 2001 ihre flächendeckende Verbreitung. Daher wird DSL in dieser Arbeit als technologische Neuerung betrachtet.
[19] Vgl. o.V. (2006c), S. 21.
[20] Vgl. Snow (2006), S. 35. Angegebene Übertragungskapazitäten beziehen sich auf ADSL, die verbreiteste Variante der DSL Technologie. Weiterentwicklungen (ADSL2, VDSL) erreichen Übertragungsraten von bis zu 25 Mbit/s (51,8Mbit/s) im Downstream- bzw. 1 Mbit/s (2,3 Mbit/s) im Upstreambereich. Symetrische DSL-Varianten (SDSL) erreichen Upstreamkapazitäten von bis zu 4 Mbit/s.
[21] Vgl. Geiger (2005), S. 7.
[22] Vgl. Müller (2006), S. 1.

Vergleich zu 2005 um 2,4 %.[23] Damit existiert neben dem heimischen PC eine zweite weit verbreitete Zugriffsmöglichkeit auf das Internet.

Auch in anderen Bereichen werden bestimmte Technologien als Standard akzeptiert. Durch den Einsatz von Newsfeeds hat sich bspw. die RSS-Technologie etabliert. Ursprünglich wurde RSS im Rahmen des semantischen Webs konzipiert. Im Gegensatz zu HTML, das Aussehen und Formatierung von Inhalten beschreibt, erlaubt es RSS die Bedeutung von Inhalten im Internet abzubilden. So können Informationen einfach auf Relevanz für den einzelnen Nutzer geprüft werden. RSS gilt als sehr flexibel und lässt sich in unterschiedliche Kontexte einbetten.[24]

Als eine weiterer Standard des Web 2.0 gilt AJAX[25]. AJAX ist keine neu entwickelte Technologie, sondern ein neues Konzept, bekannte Technologien zu kombinieren.[26] Es ermöglicht, neue Inhalte von einer Internetseite in den Browser zu laden, ohne die Internetseite selber neu in den Browser zu laden. Dazu wird auf dem Browser des Nutzers eine AJAX- Zwischenschicht eingefügt, die unabhängig vom Nutzer neue Daten vom Webserver abfragt und dem Nutzer bei Bedarf neue Inhalte und Objekte ohne Nachladen der gesamten Internetseite, also asynchron zur Kommunikation mit dem Server, präsentieren kann.[27] Es besteht aus XHTML und CSS[28] zur Formatierung der Website, DOM[29] für die dynamische Anzeige und Interaktion, XML als Datenaustauschformat und Javascript zur dynamischen Darstellung des Inhalts. Da es auf diese vorhandenen etablierten Branchenstandards aufsetzt, erfreut sich AJAX wachsender Beliebtheit, obwohl es aufgrund seiner Komplexität bis an die Grenzen der Browserfähigkeiten stößt.[30]

Open Source Philosophie

Die Open-Source-Software, ein alternatives Entwicklungs-, Lizensierungs- und Geschäftsmodell, gilt als ein entscheidender Wegbereiter des Web 2.0.[31] Durch sie sind

---

[23] Vgl. o.V. (2006c), S. 25.
[24] Vgl. Rensmann (2006), S. 31.
[25] Abkürzung für „Asynchronous Javascript and XML".
[26] Vgl. Doelle (2006), S. 76.
[27] Vgl. Garret (2005), S. 2.
[28] Abkürzung für Cascading Style Sheets
[29] Abkürzung für Document Object Model
[30] Vgl. Studie der Patricia Seybold Group, zitiert nach Doelle (2006), S. 77.
[31] Vgl. Fösken (2006), S. 96, Holtz (2006), S. 25.

zahlreiche Programme verfügbar, die ohne Lizenzgebühren genutzt und, da auch der Quellcode frei zugänglich ist, frei weiterentwickelt werden können. Den institutionellen Rahmen bilden sog. Open-Source-Lizenzen, die die Freiheit der Software garantieren sollen, zumeist wird die GNU Freie Dokumentationslizenz (GFDL) verwendet. Daher wird im Gegensatz zu proprietären Softwarelizenzen auch von einem „Copyleft" gesprochen.[32]

Als grundlegendste Vertreter der Open-Source-Software gelten das Betriebssystem Linux[33], die Server-Software Apache, das Datenbankprogramm MySQL sowie die Programmiersprachen Perl, Phyton und PHP.[34] Sie sind Konkurrenzprodukte zu kommerziellen Programmen und werden insbesondere von Communities gefördert.[35] Der Schlüssel zum Erfolg dieser Communities ist die Zusammenarbeit – koordiniert und organisiert über das Internet.[36] Die freie Verfügbarkeit der Open-Source-Software senkt damit die Markteintrittsbarrieren in das E-Business,[37] da jeder durch sie die gleichen technischen Möglichkeiten besitzt.[38]

Allgemeine Grundlagen

Ein weiterer wesentlicher Unterschied zur ersten Phase des Internets ist die Menge der der Teilnehmer: 17 % der Weltbevölkerung sind online,[39] weltweit hat sich die Internetgemeinde seit 2001 mehr als verdoppelt.[40] Dieser Trend hält weiterhin an. Im April/ Mai 2006 nutzten 59,5 % der Erwachsenen ab 14 Jahren das Internet, dies entspricht einer Zuwachsrate von 3 Prozent gegenüber dem Vorjahr.[41]

Inzwischen erschließen alle Altersschichten der Bevölkerung das Internet, nur im Bereich der Generation 60+ sind lediglich 20,3 % im Internet vertreten, allerdings mit höheren Zuwachsraten.[42] Das Internet der Anfangszeit wurde anteilsmäßig weit stärker

---

[32] Vgl. bis hierhin: Maaß, Scherm (2005), S. 333.
[33] Freies Betriebssystem unter GFDL.
[34] Vgl. Heuer, Mattke (2006), S. 35.
[35] Vgl. Maaß, Scherm (2005), S. 335.
[36] Vgl. Holtz (2006), S. 25.
[37] Vgl. Maaß, Scherm (2005), S. 337.
[38] Vgl. Lotter (2007), S. 60,
[39] Vgl. Lotter (2007), S. 55.
[40] Vgl. Kowalewsky (2006), S. 35.
[41] Vgl. van Eimeren, Frees (2006), S. 403. Hochgerechnet entsprechen diese 38,5 Mio Erwachsenen.
[42] Vgl. van Eimeren, Frees (2006), S. 404.

von Jugendlichen genutzt und als zu neumodisch von Teilen der Bevölkerung abgelehnt. Doch auch bei älteren Generationen setzt sich zunehmend die Erkenntnis durch, dass das Internet keine Modeerscheinung darstellt, sondern Möglichkeiten bietet, die andere Medien nicht oder nicht in gleichem Maße bieten können.[43]

Ebenfalls ist die durchschnittliche Nutzungsdauer und Nutzungsfrequenz angestiegen. Ging der durchschnittliche Konsument im Jahr 2000 an 4,5 Tagen pro Woche für 17 Minuten online, so tat er dies im Jahr 2006 für an 4,8 Tagen pro Woche für 48 Minuten.[44] Getrieben durch das DSL-Anschlusswachstum stieg auch das Breitband-Verkehrsvolumen in Deutschland im Jahr 2006 gegenüber dem Vorjahr um knapp 30 Prozent.[45] 68 Prozent der befragten Internet-Nutzer ab 14 Jahren steuern Websites an, die Informationen zu Freizeit und Hobby bereitstellen.[46] Der Umgang mit dem Internet als Medium ist folglich in den Alltag integriert. Es wird als schneller, tiefer und verfügbarer als Fernsehen und Radio wahrgenommen.[47] Seine Nutzung erfolgt jedoch ergänzend zu den klassischen Medien und kann als komplementäre dritte Säule des Medienkonsums aufgefasst werden.[48]

Zusammenfassend nutzen mehr Menschen in fast allen Alterklassen mit zunehmender Intensität und häufiger das Internet, und fassen es als Teil ihres Alltags auf.

Ökonomische Umwelt

Aktuell werden Firmen, die, wie bereits in Kapitel 1 erwähnt ihr Geschäftsfeld im Web 2.0 definieren, von Venture-Capital-Investoren hoch gehandelt. Man erinnert sich der enormen Gewinnmöglichkeiten des Internets der ersten Generation und versucht strategisch im Bereich des Web 2.0 vertreten zu sein. Zudem stärken etablierte Internetunternehmen durch teils spektakuläre Aufkäufe ihre Position im Web 2.0. So erwarb der Suchmaschinenbetreiber und Marktführer Google am 9. Oktober 2006 für 1,65 Mrd. Dollar die Video-Plattform YouTube, zuvor u.a. Writely, Anbieter eines Online-Texterstellungsprogramms, und Blogger, den führenden Anbieter von Weblogs[49]. So-

---

[43] Vgl. van Eimeren, Frees (2006), S. 415.
[44] Vgl. van Eimeren, Frees (2006), S. 411.
[45] Vgl. o. V. (2006c), S. 22.
[46] Vgl. Försken (2006), S. 96.
[47] Vgl. van Eimeren, Frees (2006), S. 413
[48] Vgl. van Eimeren, Frees (2006), S. 413
[49] Online-Tagebuch, Zusammensetzung aus „Web" und „Log"

wohl YouTube wie auch auch Writely und Blogger sind dem Web 2.0-Geschäftsbereich zuzuordnen. Ähnliche Aufkäufe tätigten auch andere Größen der Internetbranche. Yahoo! erwarb mit Flickr eine bekannte Online-Fotoplattform und mit del.icio.us einen erfolgreiches Social Bookmarking-System, eBay den Internet-Telefonanbieter Skype. Offensichtlich scheint es als Start-Up-Unternehmen eine Erfolg versprechende Strategie zu sein, ein Produkt herauszubringen und eine möglichst große Nutzerbasis zu generieren, um später Teil eines großen Konzerns zu werden.[50]

Auch haben Unternehmen, anders als bei der ersten Phase des E-Business, jetzt vermehrt die Chance, im Schatten eines großen Unternehmens der (Internet-)Branche erfolgreich zu sein. Sie können im Rahmen der offenen Architektur vieler Internetplattformen neue Applikationen für diese Plattformen entwerfen, die auf beiden Seiten zu Zugewinnen führt: Die Plattform kann ihren Nutzern einen Mehrwert anbieten, die sie von Konkurrenzplattformen differenziert, die Entwickler von Applikationen können die große Verbreitung der Plattform nutzen, ihr Produkt bspw. für den Endbenutzer kostenpflichtig zu vertreiben.[51]

---

[50] Vgl. Heuer (2006), S. 39 und Schachter, Yen (2006), S. 37 sowie Dolata (2006), S. 1399.
[51] Vgl. für diesen Abschnitt: Haislip (2006), S. 3.

Anhang C: Überblick Literatur

In folgender Tabelle ist dargestellt, welche Autoren welche Aspekte des Web 2.0 für relevant erachten bzw. sich mit ihnen auseinandersetzen.

Autor \ Merkmal des Web 2.0	Generierung von Inhalt durch den Nutzer	Soziale Netzwerke	Kollektive Intelligenz	Online-Anwendung von Programmen	Erhöhung der reichweite von Software
Behme, Ziegler (2006)	X		X		
Benson, Favini (2006)	X			X	X
D'Agostino, Page (2006)	X	X		X	X
Doelle (2006)	X			X	X
Dolata (2006)	X	X			
Fösken (2006)	X	X	X		
Fry (2006)	X	X	X	X	
Heuel, Mattke (2006)				X	X
Holtz (2006)	X				
Karpinski (2006)	X		X	X	X
Kowalwsky (2006)	X	X			X
Krol (2006)	X	X			
Mayerhöfer (2006)	X	X	X	X	
Meckel (2006)		X	X	X	
Mulpuru (2006)		X		X	X
O'Reilly (2005)	X	X	X	X	X
Rausch (2006)	X	X	X		
Rensmann (2006)				X	
Saran (2006)	X		X		
Schachter, Yen (2006)	X	X		X	X
Schipul (2006)	X	X	X		
Singh (2006a, 2006b)	X	X	X		X
Snow (2006)				X	
Stanger (2007)		X		X	
Stevens (2006)	X	X		X	
Wartala (2006)					X

Tab. C-1 Übersicht Literatur.[52]

---

[52] Quelle: Eigene Darstellung.

Anhang D: Typologisierungsansatz nach Chen

Chen beruft sich in seinem Ansatz auf Ideen von Mahadevan[53] sowie Weill und Vitale[54] und schlägt lediglich vier zu untersuchende Hauptmerkmale vor:[55]

- Das Wertschöpfungskettenmodell
    - *Direct Sales*: Direkter Verkauf von waren an den Kunden, z. B. Dell
    - *E-Tail* (Intermediär): Verkauft Waren von Drittfirmen, z. B. Amazon
    - *Portal*: Spezialform des Intermediäres, unterstützt lediglich den elektronsichen Handel, z. B. Yahoo!
    - *Marktplatz*: Ermöglicht die direkte Kommunikation von Käufern und Verkäufern, z. B. eBay.
- Das Erlösmodell:
    - *Free* (Erlöse durch Werbung)
    - *Pay* (Erlöse durch Transaktionen)
- Den Markttyp:
    - *Business-to-consumer(B2C)*
    - *Business to-business(B2B)*
- Die Unternehmensstruktur:
    - *Pure-Play* (Unternehmen, welches nur im Internet agiert)
    - *Clicks-and-mortar* (Unternehmen, welches auch außerhalb des Internet agiert)

Jede mögliche Kombination der Ausprägungen kennzeichnet ein mögliches internetbasiertes Geschäftsmodell, Chen unterscheidet folglich 4 x 2 x 2 x 2 = 32 unterschiedliche Geschäftsmodelle. Wenn man beachtet, dass Chen sich auf vier wesentliche Hauptmerkmale konzentriert hat, und diese Merkmale zumeist mit lediglich 2 unterschiedlichen Ausprägungen belegt hat, erscheint ein gesamtheitlicher Ansatz im Rahmen dieser Arbeit nicht operationalisierbar.

---

[53] Vgl. Mahadevan (2002), S. 59.
[54] Vgl. Weill, Vitale (2001), S. 30 - 31.
[55] Vgl. für diesen Absatz: Chen (2003), S. 27 - 28.

Anhang E: Weitere Typologisierungsansätze nach Erlösmodellen

So unterscheiden Laudon und Traver fünf prinzipielle Erlösmodelle:[56]

- Advertising – Erlöse aus Werbung
- Subscription – Erlöse durch Einräumung von Nutzungsrechten
- Transaction Fee - Erlöse für das Ermöglichen oder Ausführen von Transaktionen
- Sales - Erlöse durch den unmittelbaren Verkauf von Gütern oder Dienstleistungen
- Affiliate – Erlöse für Vermittlungsdienste[57].

Wirtz systematisiert Erlöse danach, ob sie direkt, also ohne Zwischenschaltung eines Dritten, indirekt, transaktionsabhängig, d. h. im Zusammenhang mit einer einzelnen Transaktion oder Interaktion zwischen Kunde und Unternehmen, oder transaktionsunabhängig generiert wurden.

	Direkte Erlösgenerierung	indirekte Erlösgenerierung
Transaktionsabhängig	• Transaktionserlöse i. e. S. • Verbindungsgebühren • Nutzungsgebühren	• Provisionen
Transaktionsunabhängig	• Einrichtungsgebühren • Grundgebühren	• Bannerwerbung • Data-Mining-Erlöse • Sponsorship

Tab. E-1   Erlösmodellsystematik nach Wirtz[58]

Afuah und Tucci, die die gleiche Typologisierung wie Lumpkin und Dess vorgeschlagen haben, leiten ihre Typologie von Rappa ab[59], der neben den genannten sieben Typen zusätzlich noch das *infomediary model* und *Community model* unterscheidet. Firmen,

---

[56] Laudon, Traver (2001), S. 61. Sie schlagen allerdings explizit nicht eine Klassifizierung nach Erlösmodell vor, sondern nach Kundensegment, vgl. Kapitel 3.2.5. Eine ähnliche Einteilung der Erlösmodelle findet sich auch bei Strauß, Schoder (2002), S. 57 - 58.
[57] Aus dem Englischen für *business refferals*.
[58] Vgl. Wirtz (2001), S. 215.
[59] Vgl. Afuah, Tucci (2001), S. 103.

die ein Infomediary-Geschäftsmodell verwenden, finanzieren sich über den Verkauf von Informationen über Nutzergewohnheiten, die sie vorher gesammelt und aufbereitet haben. Das Community model basiert auf dem meist freiwilligen Einsatz von Nutzern, die dieser Seite loyal gegenüberstehen und Inhalte einstellen, bspw. in Form eines Forums. Ein direktes Erlösmodell ist hier nicht vorgegeben.[60]

---

[60] Vgl. für diesen Absatz: Rappa (2005).

Anhang F: Typologisierung nach beteiligten Gruppen

Eine sehr allgemeine Klassifikation ordnet Geschäftsmodelle nach der Art der am E-Business beteiligten Gruppen und Beziehungen untereinander. Als Gruppen bzw. Akteure werden dabei Administration(A), Business(B) und Consumer(C) unterschieden, deren möglichen Beziehungen in einer Matrix dargestellt werden (siehe Tab. F-1F-1).[61]

		Nachfrager der Leistung		
		Consumer	Business	Administraion
Anbieter der Leistung	Consumer	Consumer-to-Consumer	Consumer-to-Business	Consumer-to-Administration
	Business	Business-to-Consumer	Business-to-Business	Business-to-Administration
	Administration	Administration-to-Consumer	Administration-to-Business	Administration-to-Administration

Tab. F-1   Am E-Business beteiligte Gruppen[62]

Jede der möglichen Beziehungen (schattierten Zellen) entspricht einem Typ Geschäftsmodell, insbesondere wird das Business-to-Consumer- (B2C) und das Business-to-Business-Geschäftsmodell (B2B) in der Literatur unterschieden.[63] Diese Kategorisierung übernehmen bspw. auch Laudon/Traver, die bestehende Geschäftsmodelle anhand ihrer Hauptfunktionen beschreiben und im B2C-Sektor, B2B-Sektor oder die Kategorisierung ergänzend im Emerging-E-Commerce-Sektor einordnen.[64] Einige Geschäftsmodelle finden sich dabei unter verschiedenen Namen in mehreren Sektoren wieder.[65] Da diese Kategorisierung offensichtlich nicht die Vorgabe der Transparenz erfüllt, erscheint sie im Rahmen dieser Arbeit als Typologie als weniger brauchbar.

---

[61] Vgl. für diesen Abschnitt: May (2003), S. 137 - S. 138.
[62] Vgl. May (2003), S. 138
[63] Vgl. Chen (2003), S. 28. Jede der möglichen Beziehungen wird in diesem Zusammenhang auch als Wirtschaftssektor bezeichnet.
[64] Vgl. Laudon, Traver (2001), S. 67, S. 68, S. 78, S. 82.
[65] Vgl. Laudon, Traver (2001), S. 66.

Anhang G: Übersichten Auswirkungen Web 2.0

	Marktmodell	Beschaffungs-modell	Leistungserstel-lungsmodell	Leistungs-angebotsmodell	Distributions-modell	Kapitalmodell	Gesamt
Generierung von Inhalt durch den Nutzer	+	+	+	+	0	+	5
Engagement in sozialen Netzwerken	0	+	+	+	+	0	4
Kollektive Intelligenz	+	+	+	+	0	0	4
Online-Anwendung von Programmen	0	0	+	+	+	+	4
Erhöhung der Reichweite von Software	0	+	0	+	+	+	4
Gesamt	2	4	4	5	3	3	

Tab. G-1   Content - Auswirkungen des Web 2.0.[66]

	Marktmodell	Beschaffungs-modell	Leistungserstel-lungsmodell	Leistungs-angebotsmodell	Distributions-modell	Kapitalmodell	Gesamt
Generierung von Inhalt durch den Nutzer	+	+	+	+	0	0	4
Engagement in sozialen Netzwerken	+	0	+	+	0	+	4
Kollektive Intelligenz	+	+	+	+	0	0	4
Online-Anwendung von Programmen	0	0	0	+	+	0	2
Erhöhung der Reichweite von Software	+	+	+	+	+	+	6
Gesamt	4	3	4	5	2	2	

Tab. G-2   Commerce - Auswirkungen Web 2.0.[67]

---

[66] Quelle: Eigene Darstellung.
[67] Quelle: Eigene Darstellung.

	Marktmodell	Beschaffungsmodell	Leistungserstellungsmodell	Leistungsangebotsmodell	Distributionsmodell	Kapitalmodell	Gesamt
Generierung von Inhalt durch den Nutzer	+	+	+	+	0	0	4
Engagement in sozialen Netzwerken	+	0	0	0	0	0	1
Kollektive Intelligenz	+	+	+	+	0	+	5
Online-Anwendung von Programmen	0	0	0	+	0	0	1
Erhöhung der Reichweite von Software	0	+	0	+	+	+	4
Gesamt	4	3	4	5	2	2	

Tab. G-3   Context - Auswirkungen des Web 2.0.[68]

	Marktmodell	Beschaffungsmodell	Leistungserstellungsmodell	Leistungsangebotsmodell	Distributionsmodell	Kapitalmodell	Gesamt
Generierung von Inhalt durch den Nutzer	+	0	0	+	+	+	4
Engagement in sozialen Netzwerken	+	+	0	+	0	+	4
Kollektive Intelligenz	0	0	+	+	+	0	3
Online-Anwendung von Programmen	+	0	0	+	+	+	4
Erhöhung der Reichweite von Software	+	0	+	+	+	+	5
Gesamt	4	1	2	5	4	4	

Tab. G-4   Connection - Auswirkungen des Web 2.0.[69]

---

[68] Quelle: Eigene Darstellung.
[69] Quelle: Eigene Darstellung.

Der Autor:

Christian Kuhn studierte Wirtschaftsinformatik an der Universität zu Köln.
Derzeit ist er tätig im Bereich Process Assurance bei PriceWaterhouseCoopers.

Printed in Germany
by Amazon Distribution
GmbH, Leipzig